행복한 논술 초등학교 3학년

역민

열어가는 말

저는 아이들과 함께 책을 읽고, 토론하고, 아이들이 쓴 글을 봐 주고, 또 그 속에서 저 자신도 배우고 있습니다. 그래서 아이들과 함께 발전하고 있다고 믿고 있습니다. 제가 아이들을 가르치는 것은 기쁨이고, 세상을 보는 맑은 창 하나를 더 갖고 있는 행복을 누리고 있다고 생각합니다.

아이들을 가르칠 때에는 글감을 개발하고, 새로운 책을 발굴하고, 시사적인 기사를 재빠르게 다루고, 계절이 바뀔 때마다 현장 학습을 하면서, 샘솟는 아이디어를 현실에 맞추어 봅니다. 이 과정에서 가장 훌륭한 글쓰기 교사는 아이들의 부모, 특히 '엄마'라는 사실을 깨달았습니다. 그래서 엄마들에게 당신이야말로 가장 좋은 교사가 될 수 있다고 강조해 왔습니다.

한편으로, 글쓰기 교육은 정신, 영혼을 건드리는 일이기 때문에 두렵기도 한 일입니다. 글이란 것이 바로 우리의 삶을 가장 간단하고 정확하게 보여주는 것이기 때문입니다. 저는 두렵기는 해도 계속 이 길을 가고자 합니다.

글쓰기 훈련이란 자기 정리, 자기 치유, 자기 만족을 거쳐 자기 완성에 이르는 길을 찾아가는 과정이라고 할 수 있습니다. 책을 읽고, 글쓰기를 하며 느끼는 성취감과 행복감은 그것을 진지하게 해 본 사람만이 압니다. 어려서부터 이러한 것을 가르치고 기회를 주는 부모가 정말 아이들을 위하는 부모가 아닐까 합니다.

글쓰기는 현실적으로 대입 때 필요한 통합 논술시험의 준비과정이기도 합니다. 그러나 책을 읽고 글을 쓰는 것이 사람이 살아가는데 정말로 필요하고 중요한 일이기 때문에 대학 입시의 한 부분을 차지하는 것이지, 대학입시와 관련이 있기 때문에 책을 읽고 글을 써야 하는 것은 아닙니다. 독서와 글쓰기는 인간 본질의 문제이지, 입시의 문제가 아닙니다.

어찌 되었던 아이들은 책을 읽고, 글을 써 보아야 합니다. 다시 말해, 바르고 보람 있게 살기 위해서는 좋은 책을 많이 읽고, 많이 생각하고, 그리고 많이 써서 자기의 뜻과 느낌을 올바르게 나타내는 능력을 키워야 한다는 것입니다. 그렇게 되면 아이의 머리와 가슴으로부터 피어나는 아름다운 논술이 되는 것입니다. 모두 행복한 논술의 길을 가기 바랍니다.
　마지막으로, 그 동안 저를 믿고 따라준 모든 아이들에게 고마움을 전하며, 또 옆에서 지켜보며 아이들에게 용기를 주고 격려를 아끼지 않은 부모님들에게도 깊은 감사의 마음을 드립니다.

2006년 가을에
김옥련 드림

　이 책은 한 학년 12개월 동안에 읽어야 할 책 목록과 글쓰기 방법에 대해 매달 반복하는 형식으로 되어 있습니다. 그 구성은 달마다 네 부분으로 되어 있습니다.

　첫 번째로, 각 달마다 주제를 가지고 있으며 그 주제에 맞는 책이 네 권 소개됩니다. 이 책들을 모두 읽는 것으로, 일 주일에 한 권 꼴입니다. 이 책들은 국어교과서에 나오는 도서와 그밖에 엄선된 것들입니다.

　두 번째로, 네 권의 책 중 한 권에 대한 독후감 예문이 나옵니다. 예문은 그 학년의 어린이가 쓴 것도 있고, 이 책을 쓴 두 선생님이 어린이의 마음으로 쓴 것도 있습니다. 잘 읽어 보고 비교도 해보고 평가도 해보기 바랍니다.

　세 번째로, 원고지 4매에 독후감을 하나 써 봅니다. 앞의 네 권 중 한 권을 골라 써도 좋고, 아니면 다른 책이나 그밖의 어떤 것에 대해 써도 좋습니다. 시, 일기, 기행문, 감상문 등 무엇이든 좋습니다.

　마지막 네 번째로, 글쓰기에 있어서 기본적으로 꼭 알아야 할 원칙들을 배웁니다. 이것은 지금 잘 익혀 두면 평생 쓸모가 있습니다.

　이 책에는 몇 가지 목표가 있습니다. 그 목표를 위해서 몇 가지 방안도 제시합니다.
❶ 저학년의 경우, 부모와 함께 이 책을 활용하기를 권합니다. 아직 이 '일러두기' 조차 이해하기 어려운 어린이들이니 먼저 부모님이 이 책의 내용을 파악한 다음, 그것을 아이들에게 전해 주는 것이 좋습니다. 부모와 아이에게 공감과 토론의 교재가 되게 하자는 것이 이 책의 첫째 목표이기 때문입니다.
❷ 책의 수준은 학년에 따라 구분했지만, 각자 수준에 맞게 선택할 수 있습니다. 2학년이 3~4학년 책을 선택할 수도 있고, 3~4학년이 2학년부터 시작할 수도 있

습니다. 글쓰기에 있어서는 학년 수준이나 논리보다 감성과 정서가 더 앞선다는 것을 이해하시기 바랍니다. 정서야말로 독서와 글쓰기, 학습에 있어서 아주 중요한 요소인 것입니다.

❸ 글쓰기는 체계적으로 이루어져야 합니다. 제목, 처음, 중간, 마지막 등으로 나누어서 쓰고, 하고 싶은 말을 분명히 해야 합니다. 사고의 정리야말로 책 읽기, 글쓰기의 핵심입니다.

❹ 독서는 끊임이 없어야 합니다. 여기에서 읽어야 할 책들은 일 주일에 한 권, 한 달에 4권, 일 년에 48권입니다. 생각하기에 따라 많을 수도 있고 적을 수도 있습니다. 그러나 일 주일에 한 권 정도로 시작하는 것이 적당합니다. 글쓰기는 한 달에 한 번입니다. 그러나 이것도 자칫 놓치기 쉽습니다. 생활의 규칙화와 독서의 일상화는 함께 이루어져야 합니다.

이런 원칙과 순서에 따라 하다 보면, 이 책이 통합적 자기 주도 학습의 독서 논술 프로그램임을 알게 될 것입니다. 이 전체 프로그램을 다 익히면 어느새, 책에 대한 감각이 생겨 있고, 독서에 대한 경향성을 파악하고 있고, 글쓰기의 이유와 방향까지 알게 되는 것입니다. 그렇게 되면 얼마나 큰 기쁨과 보람이 생겨나는지, 스스로도 놀랄 것입니다. 그것은 여러분의 노력에 대한 보답입니다.

2006년 가을에
최종수 드림

차례

열어가는 말 •••4
일러두기 •••6

3월 창조·생명의 달 •••13
〈물푸레 물푸레 물푸레〉〈달님에게 코트를〉〈라 퐁텐 우화집〉〈단군신화〉•••14
독후감 예문 : 달님도 추워요 －〈달님에게 코트를〉을 읽고 •••16
쓰기 •••17
족집게 가르침 하나 : 독후감은 왜 써야 하나요? •••20

4월 과학의 달 •••23
〈그런데요, 생태계가 뭐예요?〉〈소금아 고마워〉〈도도새는 왜 사라졌을까요?〉
〈우리 몸 탐험〉•••24
독후감 예문 : 먹는 것과 산다는 것 －〈그런데요, 생태계가 뭐예요?〉를 읽고 •••26
쓰기 •••27
족집게 가르침 둘 : 원고지에는 어떻게 써야 하나요? •••30

5월 가정의 달 •••33
〈우리 동네에는 아파트가 없다〉〈할아버지 요강〉〈아빠 보내기〉
〈사과나무 위의 할머니〉•••34
독후감 예문 : 넘어야 할 아픔들 －〈아빠 보내기〉를 읽고 •••36
쓰기 •••37
족집게 가르침 셋 : 맞춤법, 띄어쓰기, 문장부호 •••40

6월 어울림의 달 •••43
〈나쁜 어린이표〉〈뚱보면 어때, 난 나야〉〈조커〉〈파스칼의 실수〉•••44
독후감 예문 : 늘 선물이 기다리는 학교 －〈조커〉를 읽고 •••46
쓰기 •••47
족집게 가르침 넷 : 제목은 그 사람의 얼굴 •••50

7월 자연과 환경의 달 •••53
〈강물아 강물아 이야기를 내놓아라〉〈울지마, 울산바위야〉
〈자연 보호 운동의 선구자 존 뮤어〉〈개구쟁이 산복이〉•••54
동시 짓기 : 시원한 냇가 •••56
쓰기 •••57
족집게 가르침 다섯 : 글의 처음을 시작하는 다섯 가지 방법 1 •••60

8월 환상의 달 •••63
〈고래 벽화〉〈신나는 텐트치기〉〈유니콘과 신비한 동물들〉
〈넌 나의 소중한 친구야〉•••64
독후감 예문 : 신화는 재미로만 보나요? −〈유니콘과 신비한 동물〉을 읽고 •••66
쓰기 •••67
족집게 가르침 여섯 : 글의 처음을 시작하는 다섯 가지 방법 2 •••70

9월 독서의 달 •••73
〈돌아온 진돗개 백구〉〈내 친구 윈딕시〉〈삽살개 이야기〉〈플랜더스의 개〉•••74
독후감 예문 : 슬픈 복슬이의 죽음 −〈삽살개 이야기〉를 읽고 •••76
쓰기 •••77
족집게 가르침 일곱 : 줄거리와 느낌은 어떻게 쓰나요? •••78

10월 예술의 달 •••83
〈내가 살던 고향은〉〈큰 소리꾼 박동진 이야기〉
〈네 손가락의 피아니스트〉〈모네의 정원에서〉•••84
독후감 예문 : 판소리 사랑 −〈큰 소리꾼 박동진 이야기〉를 읽고 •••86
쓰기 •••87
족집게 가르침 여덟 : 글의 끝맺음은 어떻게 하나요? •••90

11월 위인의 달 ···93
〈광개토태왕〉〈안중근〉〈슈바이처〉〈마더 테레사〉 ···94
독후감 예문 : 위대한 사람이란 어떤 사람인가요 -〈마더 테레사〉를 읽고 ···96
쓰기 ···97
족집게 가르침 아홉 : 글은 무엇으로 완성되나요? ···100

12월 민속의 달 ···103
〈돌이 어쩌구 개구리 저쩌구〉〈아이쿠나 호랑이〉〈신토불이 우리 음식〉〈꼬마 정원〉 ···104
독후감 예문 : 꼬마 정원을 만든 리네아 -〈꼬마 정원〉을 읽고 ···106
쓰기 ···107
족집게 가르침 열 : 글을 다듬을 때 지워서 다시 써야 하나요? ···110

1월 주제가 있는 달 ···113
〈고구려 사람들은 왜 벽화를 그렸나요?〉〈세계가 놀란 발명 이야기〉
〈최은희〉〈아멜리아 에어하트〉 ···114
독후감 예문 : 무덤 속의 수호신 -〈고구려 사람들은 왜 벽화를 그렸나요?〉를 읽고 ···116
쓰기 ···117
족집게 가르침 열하나 : 독후감은 한 가지 형식으로만 쓰나요? ···120

2월 생각의 달 ···123
〈여울각시〉〈언청이 순이〉〈생명의 저울〉〈얘, 내 옆에 앉아! 내 옆에 앉아!〉 ···124
동화 쓰기 : 민수의 학교 첫 입학 ···126
쓰기 ···127
족집게 가르침 열둘 : 어떤 책이 좋은 책인가요? ···130

족집게 가르침 복습 ···132
찾아보기 ···134

3월

창조·생명의 달

초등학교 2학년도 지나고, 또 긴 겨울이 지났습니다. 어느덧 3학년이 되었습니다. 이제는 새봄과 함께 3학년 어린이로서 지켜보는 동생들이 많다는 것을 생각하고 몸과 마음을 키워야 합니다. 새로운 학년에서 새 선생님, 새 책, 새 공책, 새로운 친구들과 함께 새 마음, 새 뜻으로 출발하기 바랍니다.

눈을 크게 뜨고 주변을 둘러보세요. 여러분의 반짝이는 눈에는 자연 속에서 쉼 없이 다시 살아나는 생명의 움직임들이 보일 것입니다. 하늘과 산이 다르게 보이고, 나무도 새롭게 보일 것입니다. 산에 올라 계곡을 따라가면서 조용히 귀를 기울여 보세요. 어디선가 시냇물이 '졸졸졸' 흐르는 소리가 들릴 것입니다. 눈으로 보아서는 죽은 것과 산 것을 구분할 수 없고, 물이 어디에서 흐르는지 보이지 않아도 생명은 어디선가 다시 새봄을 맞이하고 있는 것입니다. 3월은 그러한 계절입니다.

이 달은 창조와 자연, 사람, 사물 사이에 피어나는 생명과 색깔, 소리들에 관한 책을 읽고 거기에서 글감을 찾아 글을 써 보는 달입니다. 다음에 나오는 네 권의 책은 창조와 생명에 관한 책들입니다. 네 권을 모두 읽은 후, 다른 사람의 글도 살펴보기 바랍니다. 그리고 독후감을 써 보기 바랍니다.

3월

물푸레 물푸레 물푸레

지은이 조호상 강원도 원주에서 태어났습니다. 1989년 시를 발표하면서 작품 활동을 시작했습니다. 〈연오랑 세오녀〉, 〈얘들아, 역사로 가자〉, 〈재치가 배꼽 잡는 이야기〉, 〈울지 마, 울산바위야〉 등을 썼습니다.

그린이 이정규 1968년 전라남도 장흥에서 태어났습니다. 중앙대학교에서 동양화를 공부했습니다. 〈행복한 강아지 뭉치〉, 〈하늘나라 꽃밭지기〉, 〈버드내 아이들〉 등 많은 책에 그림을 그렸습니다.

본문 중에서

> "혹시 물푸레나무를 알고 있니? 가지를 물에 담그면 물이 푸르러진다고 그런 이름이 붙었지. 내가 바로 물푸레나무야. 아직은 작은 물푸레나무지. 물푸레나무! 난 이 이름이 맘에 꼭 들어. 물푸레, 물푸레, 물푸레 연거푸 불러 보렴."

♥ 2002년 7월 처음 펴냄. 글 조호상. 그림 이정규. 펴낸곳 도깨비. 104쪽. 8,000원

달님에게 코트를

글쓴이 양해원 서울예술대학을 졸업하고 단편소설로 등단했습니다. 어린이를 위한 글쓰기에 힘쓰고 있으며, 지은 책으로는 〈아빠의 수첩〉, 〈한경 이야기〉, 〈우리말 여행〉 등이 있습니다.

그린이 백명식 경기도 강화에서 태어났고, 서양화를 전공했습니다. 80여 권의 직접 쓰고 그린 창작 그림책이 있습니다.

내용

> 이 책은 유태인들의 전래 동화집으로 일곱 편의 이야기가 실려 있습니다. 유태인들 중에는 세계적으로 뛰어난 사람들이 많습니다. 그들은 태어날 때부터 다른 나라 사람들에 비해 머리가 좋기 때문일까요? 그렇지 않습니다. 그들이 뛰어난 것은 어릴 때부터 부모님이나 선생님에게 슬기로운 교육을 받고, 옛날부터 전해오는 지혜로운 이야기를 자주 들었기 때문입니다. 이 책에는 바로 그런 지혜가 담겨져 있습니다.

♥ 2003년 7월 처음 펴냄. 글 양해원. 그림 백명식. 펴낸곳 토토북. 112쪽. 7,500원

라 퐁텐 우화집

지은이 라 퐁텐(1621~1695) 프랑스에서 태어났습니다. 풍부하고 정감어린 언어로 누구나 감탄할 작품을 썼습니다. 〈우화 시집〉은 주로 동물들이 등장하는 240편의 우화를 12권으로 나누어 만든 책입니다. 30년 동안 노력하여 만든 〈우화 시집〉은 세계 어린이들이 가장 즐겨 읽는 책의 하나로, 어린이들에게 소중한 삶의 지혜를 일깨워 줍니다.

내용

세계적인 화가 30명이 그린 삽화와 함께 라 퐁텐의 우화를 읽는 것은 아주 큰 기쁨입니다. 아름다운 삽화는 이 책을 더욱 빛나게 합니다. 이 커다란 책을 늘 가까이에 두고 그 안에 들어있는 수많은 지혜를 발견해 보세요. 뛰어난 글과 그림이 조화를 이루는 이 책은 한 번 읽고 나면 틀림없이 다시 읽고 싶어질 것입니다.

♥ 2001년 2월 처음 펴냄. 글 라 퐁텐. 펴낸곳 크레용하우스. 66쪽. 11,000원

단군신화

글쓴이 오은영 이화여대 불문학과를 졸업했습니다. 작품으로 〈우산 쓴 지렁이〉, 〈넌 그럴 때 없니?〉, 〈귀찮은 아이〉 등이 있습니다.

그린이 김광배 서울교육대학교를 졸업했습니다. 1957년부터 초대 개인전을 가지기 시작했습니다.

줄거리

지구 탄생의 전설로부터 시작된 이 이야기는, 그 후 하늘나라의 환인 임금님, 그리고 둘째 아들인 환웅의 이야기로 이어집니다. 환웅이 땅위에 내려와 인간을 다스리고, 그들에게 살아가는 방식을 가르쳐 줍니다. 또 웅녀 이야기, 그 사이에 낳은 단군 이야기로 이어집니다. 이 이야기는 우리의 신화입니다. 우리의 신화부터 알아야 우리의 뿌리를 제대로 알 수 있습니다.

♥ 1997년 3월 처음 펴냄. 글 오은영. 그림 김광배. 펴낸곳 효리원. 148쪽. 7,800원

달님도 추워요
-〈달님에게 코트를〉을 읽고

구남초등학교 3학년 2반 김민희

달님이 해님에게 말했어요. 해님은 낮에 나와 따뜻한데 자기는 밤에만 나와 춥다고요. 해님은 도시에 가서 재단사들한테 그렇게 말했어요. 재단사들은 달님에게 코트를 만들어 주기로 했어요.

그런데 재단사들은 달님 코트를 못 만들었어요. 달님이 초승달이 되었다가 보름달이 되었다 하니까 크기가 달랐으니까요.

그때 가장 작은 재단사 양켈이 구름으로 코트를 만들자고 말했어요. 그래서 그렇게 하기로 했어요. 그런데 구름이 너무 높은데 있어서 가져 올 수가 없었어요.

또 양켈이 말했어요. 안개로 코트를 만들자고요. 그래서 안개로 코트를 만들기로 했어요. 그런데 안개옷은 너무 얇고 가벼워서 추웠어요. 재단사들은 또 한숨을 쉬었어요.

이때 또 양켈이 외쳤어요. 달님 옷에 별을 달아주자고요. 그러면 별빛으로 따뜻해질 테니까요. 그런데 또 안 됐어요. 별을 딸 수가 없었어요.

양켈이 또 말했어요. 강가에서 풀무질을 해서 강물 위에 떠있는 별을 안개에 달라붙게 하자구요.

모두 강가로 가서 풀무질을 해서 별이 안개에 달라붙었어요. 별이 달라붙은 안개로 달님의 코트를 만들었어요. 달님은 이제 꼭 맞는 신기한 구름옷을 입게 되었습니다. 그래서 따뜻하게 지낼 수 있게 되었어요.

이 이야기는 너무 엉터리 같기는 한데 그래도 재미있고 신기해요. 또 달님에게 좋은 일을 한 것 같아서 기분도 좋아요. 그리고 가끔 달을 보면 정말 구름옷을 입고 있는 것 같기도 해요.

　이제부터 여러분이 다음의 원고지 4매에 독후감을 씁니다. 무엇을 쓰든지 마음 편하게, 침착하게, 천천히 쓰기 바랍니다.

　원고지에 쓰는 요령은 이 책의 30쪽~32쪽과 40쪽~42쪽에 있으니 미리 한번 읽어 보는 것이 좋겠지요.

　글을 쓰기 전에 날짜를 원고지 위에 꼭 쓰기 바랍니다. 나중에 다시 보는 날이 반드시 있을 것입니다.

독후감은 왜 써야 하나요?
- 책을 마음에 강력 접착제로 붙이는 일 -

"이 책, 너무 슬퍼. 〈바위나리와 아기별〉 말이야. 한번 읽어 봐."

"내가 슬픈 건 말이야, 둘의 우정이 너무 아름다웠기 때문이야. 그렇게 착한 아기별이 빛을 잃고 바다에 떨어진 건 너무 했어. 나도 바닷가에 가면 꼭 바위나리를 찾아볼 거야. 그리고 나도 그런 친구를 갖고 싶어. 너도 아마 그럴 거야."

두 친구의 말 중에서 어떤 친구의 말을 더 귀담아 듣겠습니까? 앞의 친구는 너무 막연하고, 간단하게 슬프다고만 했지요? 하지만 뒤의 친구는 자세한 내용을 전달해 주므로 책의 내용이 궁금해집니다. 바위나리와 아기별이 왜 그렇게 슬프고 아름다운 운명이 되었는지 알고 싶어, 빨리 서점에 가서 책을 보고 싶은 마음이 생깁니다.

책을 읽고 나면 그 느낌을 이렇게 단순히 말로써 다른 사람에게 전해주는 경우도 있습니다. 책을 읽은 후, 말이 아닌 글로써 그때의 느낌을 남기는 것을 독후감이라고 합니다. 글을 쓰면 다른 사람에게 자신의 생각을 보다 정확하게 잘 전할 수 있습니다. 자신도 책을 읽으며 가졌던 감동을 되새기며 내용을 생생하게, 오랫동안 기억하게 됩니다. 그리고 독후감을 쓰는 동안에는 그 책에 나오는 주인공들과 마음으로 대화를 나눌 수도 있습니다.

책은 우리의 앞을 밝혀 주는 등불입니다. 많은 것을 가르쳐 주고, 즐거움과 슬픔, 흥미와 신비로움으로 가득찬 꿈의 세계로 이끌어 주기도 합니다. 때로는 훌륭한 위인들을 만나 나와 견주어 보기도 합니다. 책 속에서 재미를 찾고, 배울 것도 찾아야 합니다. 그것은 어떤 놀이나 장난감보다 더 값지고 흥미로운 것입니다.

이 봄에 시작해야 할 일은 책을 읽고 독후감을 쓰는 습관을 가지도록 하는 것입니다. 독후감이란 읽은 책을 자기 것으로 소화시키고, 그 소화시킨 것을 마음의 양식이 되도록 강력 접착제로 딱 붙이는 일입니다. 좋은 책을 마음에 붙이고 사는 일, 참으로 재미있고 보람된 일이 아닐까요?

4월

과학의 달

4월 21일은 과학의 날입니다. 그리고 이 달은 과학의 달입니다. 학교에서는 과학에 대한 이야기 마당, 그림 그리기, 글쓰기 대회같은 여러 가지 행사가 열릴 것입니다. 고학년들은 고무 동력기, 물 로켓, 글라이더 등을 만들어 멀리 날려 보내기 대회도 할 것입니다. 모두 즐거운 마음으로 참가해 보기 바랍니다.

과학이란 멀리 있거나 어려운 것이 아닙니다. 우리 주변에서 항상 벌어지고 있는 모든 일들은 다 과학이라고 할 수 있습니다. 우리가 만들고 행동하는 것들은 모두 과학적 원리에서 일어나고 있기 때문입니다. 자전거가 두 바퀴로 굴러가는 것, 자동차가 빵빵거리는 것, 하늘 높이 짓고 있는 아파트, 아픈 강아지가 낑낑거리는 것, 이런 것도 모두 과학입니다.

여러 사물 속에 숨어 있는 과학적 원리도 잘 관찰해 보기 바랍니다. 끈질기게 관찰하다 보면 '숨은 과학'이 보일 것입니다. 아이들은 어떻게 몸이 자라는지, 우리 몸의 세포의 크기는 얼마나 되는지, 지렁이는 왜 뒤로 못 가는지, 어른들은 왜 소주에 오이를 썰어 넣는지, 궁금한 것들에 대해 왜? 라는 궁금증을 가지기 바랍니다. 그래서 질문을 하거나 스스로 답을 찾아 보도록 합니다. 그것이 과학에 대해 가져야 하는 우리의 자세입니다. 여러분의 관찰력과 탐구심이 답을 줄 것입니다. 답을 찾고 그 동안 정리한 것을 글로 써 보세요. 좋은 과학 탐구의 글이 될 것입니다.

이 달에는 과학과 관계된 책들을 네 권 소개합니다. 이 책들을 읽고, 다른 사람이 쓴 글도 읽어보고, 독후감을 써 보도록 합니다. 그 독후감이 장차 훌륭한 과학자가 되는 밑거름이 될지도 모르는 일입니다.

4월

그런데요, 생태계가 뭐예요?

글쓴이 김성화·권수진 어릴 때부터 단짝인 두 사람은 대학에서도 각각 생물학과 분자생물학을 공부했습니다. 함께 쓴 책으로 〈과학자와 놀자?〉, 〈고래는 왜 바다로 갔을까〉, 〈애들아, 정말 과학자가 되고 싶니?〉 등 여러 권이 있습니다.

그린이 조위라 그림 그리는 일이 세상에서 제일 좋다고 합니다. 홍익대학교 서양학과를 졸업했습니다. 여러 차례의 개인전을 열었고 그림 작업과 학생 가르치는 일을 하고 있습니다.

내용

'서로 돕는 먹이사슬, 스스로 되살아나는 생태계 이야기, 다르기 때문에 함께 살 수 있어요.' 이 책의 큰 제목들입니다. 자연과 인간이 어떻게 생겨났고, 그들이 서로 어떻게 조화롭게 살아가는가, 그리고 앞으로 인간은 무엇을 해야 하고, 무엇을 하지 말아야 하는가를 보여주는 책입니다. 먹이사슬은 끊어질 수 없다는 것, 그래서 우리는 자연을 보다 소중히 해야 한다는 것을 보여줍니다.

♥ 2004년 2월 처음 펴냄. 글 김성화·권수진. 그림 조위라. 펴낸곳 토토북. 160쪽. 8,500원

소금아 고마워

글쓴이 나탈리 토르지만 프랑스에서 경제 전문 기자로 활동하고 있습니다. 지은 책으로 〈10원으로 배우는 경제이야기〉 등이 있습니다.

그린이 이브 칼라르누 〈10원으로 배우는 경제이야기〉, 〈달나라 임금님이 된 꼬마 고양이〉 등의 책에 그림을 그렸습니다.

옮긴이 조용희 성균관대학교 불문학과를 졸업했습니다. 〈10원으로 배우는 경제이야기〉, 〈동방의 아름다운 이야기들〉 등을 옮겼습니다.

내용

이 책에서는 소금에 대한 모든 것을 설명해 주고 있습니다. 소금은 생명처럼 소중해요, 소금은 무엇일까요, 소금의 고향은 어디일까요, 소금의 역사, 소금의 다양한 쓰임새 등이 이 책의 차례입니다. 우리는 소금 없이 살 수 없습니다. 공기나 물 없이 살 수 없듯이 말입니다. 그 귀한 소금에 대해 자세히 알아보는 시간을 가져야겠습니다.

♥ 2003년 6월 처음 펴냄. 글 나탈리 토르지만. 그림 이브 칼라르누. 조용희 옮김. 펴낸곳 영교. 64쪽. 6,800원

도도새는 왜 사라졌을까요?

지은이 앤드루 채먼
옮긴이 함께 나누는 엄마 모임
내용

멸종 위기에 놓인 동물들에 관한 궁금증 37가지를 그림과 함께 설명한 책입니다. '공룡들이 왜 지구에서 사라졌을까요? 살아 있는 동물은 모두 언젠가는 멸종되나요? 도도새는 왜 사라졌을까요?'로부터 '동물에게는 왜 사람이 필요할까요? 사람에게는 왜 동물이 필요할까요?'까지 모든 궁금증을 풀어줍니다.

♥ 2000년 6월 처음 펴냄. 글 앤드루 채먼. 함께 나누는 엄마 모임 옮김. 펴낸곳 다섯수레. 32쪽. 6,500원

우리 몸 탐험

지은이 리처드 워커   워커 박사는 우리 몸에서 일어나는 생리 현상에 관한 어린이 책들을 직접 쓰기도 하고, 감수를 하기도 하며 활발하게 일하고 있습니다.

옮긴이 윤혜정   다른 나라 책을 우리말로 옮기는 '함께 나누는 엄마 모임'에서 활동하고 있습니다. 〈왜 그런지 궁금해요〉 시리즈를 옮겼습니다.

내용

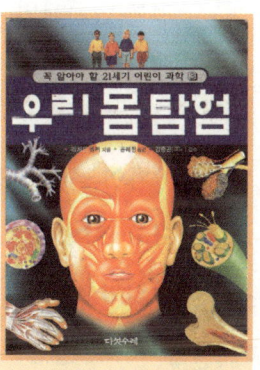

어린이들이 우리 몸에 관해 갖고 있는 호기심을 낱낱이 풀어줍니다. 세포로부터 뼈와 근육, 뇌, 심장과 피, 숨쉬기, 음식과 소화, 보고 듣고 말하고 냄새 맡기, 새 생명의 탄생과 가족, 그리고 인류에 이르기까지 자세히 알려줍니다. 이 책을 처음부터 끝까지 차례대로 사진과 함께 읽어 가면 우리 몸이 얼마나 신비로운지 알 수 있습니다.

♥ 2000년 10월 처음 펴냄. 글 리처드 워커. 윤혜정 옮김. 펴낸곳 다섯수레. 112쪽. 14,000원

먹는 것과 산다는 것
-〈그런데요, 생태계가 뭐예요?〉를 읽고

최종수

저는 이 책에서 보여준 여러 가지 사실 중에서 특히 먹는 것에 대해 관심 깊게 보았습니다. 그리고 사람을 뺀 다른 동물들은 아직도 먹는 것에 목숨을 걸 수밖에 없다는 것을 다시 한번 알게 되었습니다.

그런데 문제는, 먹을 것 걱정이 없는 사람들이 너무 생태계를 파괴한다는 것입니다. 먹는 것이 바로 생명인 동물들도 자연을 파괴하지 않는데, 먹을 것이 충분한 사람들이 오히려 자연과 생태계 파괴에 앞장서고 있다는 사실입니다.

생태계란 자연 속에서 살아 있는 것들끼리 서로 살리고 죽이면서 함께 사는 하나의 커다란 고리입니다. 여기에는 지켜져야 하는 어떤 원칙이 있습니다. 그것은 수십만, 수백만, 수억 년 전부터 이어 내려오는 원칙입니다. 그것이 깨어지면 안 됩니다. 모두 죽습니다. 그런데 사람들이 이 원칙이 깨지는 것을 두려워하지 않습니다.

생태계를 지키는 방법은 간단합니다. 사람들만 욕심을 버리면 됩니다. 사람들만 자연을 있는 그대로 그냥 놔두면 됩니다. 사람들이 먹을 만큼만 먹고 쓸 만큼만 물건을 만든다면 생태계는 훨씬 편안하게 될 것입니다. 사람들이 자연을 자기 마음대로 하려고 하지 말고, 자연 속에서 다른 생물들과 함께 소박하게 살기만 하면 됩니다.

자연은 아름답고, 생태계는 너무 기막히게 조화롭게 돌아가고 있습니다. 이 아름답고 조화로운 자연의 원리를 깨뜨릴 권리가 인간에게는 없습니다. 인간은 자연의 주인이 아닙니다. 인간은 자연의 한 부속물인 것입니다.

　이제부터 여러분이 다음의 원고지 4매에 독후감을 씁니다. 무엇을 쓰든지 마음 편하게, 침착하게, 천천히 쓰기 바랍니다.

　원고지에 쓰는 요령은 이 책의 30쪽~32쪽과 40쪽~42쪽에 있으니 미리 한번 읽어 보는 것이 좋겠지요.

　글을 쓰기 전에 날짜를 원고지 위에 꼭 쓰기 바랍니다. 나중에 다시 보는 날이 반드시 있을 것입니다.

족집게 가르침 둘

원고지에는 어떻게 써야 하나요?

- 모양 좋은 음식이 맛있듯, 모양 좋은 글이 읽기 좋습니다

1. 원고지에 쓰기

우리글은 원고지에 쓰는 것을 원칙으로 하고 있습니다. 맞춤법과 띄어쓰기, 문장이나 문단 나누기, 장·절 나누기 등 글을 쓰는 원칙이 가장 정확하게 나타나기 때문입니다. 물론 요즈음은 컴퓨터에 입력하여 쓰는 방법도 있지만, 이때에도 원고지에 쓰는 원칙을 그대로 따라야 합니다. 원고지에 쓰는 순서는 제목, 소속과 이름, 그리고 본문입니다.

2. 제목·이름 쓰기

원고 첫 장에 제일 먼저 들어가는 것은 당연히 제목입니다. 제목은 위에서 한 줄 띄고 원고지 중앙에 씁니다. 그 다음은 소속과 이름입니다. 이것은 오른쪽으로 치우쳐 쓴다는 주요 원칙만 있습니다. 그 다음에 한 줄 띄고 본문을 시작합니다.

			자	유	를		위	해		치	러	야		하	는		대	가	
					-	〈	머	피	와		두	칠	이	〉	를		읽	고	
									고	양	시		대	한	초	등	학	교	
										4	학	년		3	반		홍	길	동
		머	피	는		주	인	의		사	랑	을		받	는		애	완	견	이
고	,	두	칠	이	는		시	골	집	에	서		흔	히		기	르	는	
똥	개	입	니	다	.														

위의 방법 말고 다음과 같이 할 수도 있습니다(교과서 5-1 〈말하기·듣기·쓰기〉 참조). 제목을 쓰고 그 다음에 소속과 이름을 쓰는데, 학교 이름은 오른쪽 끝에서 세 칸, 자기 이름은 오른쪽 끝에서 두 칸 띄웁니다.

				태	극	기	에		담	긴		뜻	
						제	주		초	록	초	등	학	교
						5	학	년		3	반		이	지	훈
	나	는		태	극	기	에		담	긴		뜻	에		대	하	여		자
세	하	게		알	고		싶	어	서		여	러		가	지		자	료	를
찾	아	보	고	,	새	로		안		내	용	을		정	리	하	였	습	니
다	.												

큰 제목을 중앙에 두고 학교 이름, 학년과 반, 이름 등은 원고지 오른쪽에 치우쳐 쓰면 모두 맞는 방법입니다.

3. 문단 나누기

제목과 이름을 쓰고 나면 그 다음에는 본문을 쓰게 됩니다. 본문은 크게 4~7개의 문단으로 나누어 쓰는 것이 좋습니다. 각 문단의 분량도 비슷한 것이 좋습니다. 글 전체가 200자 원고지 4~5매라고 하면 각 문단은 원고지 1매가 조금 못 되게 쓰면 될 것입니다.

첫 번째 문단은 들어가는 말, 그 다음 3~4개의 문단은 하고 싶은 말, 마지막 문단은 맺는 말의 순서로 하는 것이 일반적입니다. 들어가는 말에서는 글을 쓰는 이유나 동기 등을 쓰면 좋고, 하고 싶은 말에서는 간단한 줄거리와 느낌이나 생각 등을 쓰고, 맺는말에서는 이 글의 결론이나 희망 등을 쓰면 산뜻합니다.

4. 문장 쓰기

　마침표나 느낌표, 물음표가 나오면 한 문장이 끝나는 것입니다. 문장은 될 수 있는 대로 알기 쉽고 짧게 쓰는 것이 좋습니다. 그러나 너무 짧게만 쓰면 글 전체가 가벼워지는 느낌을 주므로 적당한 길이를 유지하는 것이 좋습니다. 한 문단에 4~7개의 문장이 있으면 적당합니다.

　위와 같은 모양으로 글을 쓰면 전체적으로 볼 때 안정감이 있고 체계가 잡혀 있는 듯이 보입니다. 다시 말해 모양이 좋아 보인다는 말입니다. 모양이 좋아 보이면 내용도 이해하기 쉽고 좋겠지요. 사람도 처음 보았을 때 단정하고 친절해 보이면 호감을 느끼듯이 말입니다. 그리고 먹음직해 보이는 음식이 맛도 좋겠지요.

5월

가정의 달

    5월은 참으로 아름답고 좋은 계절입니다. 산들바람 속에 초록으로 가득 찬 세상이 신기하기도 합니다. '어린이날' 이 있어 더욱 기다려지는 달입니다. 미리 부모님께 받을 선물 목록을 챙겨 놓은 친구들도 있을 것입니다. "아! 5월은 어린이 달, 바로 나를 위한 달이구나!"

    5월은 '어버이날' 이 있어 부모님과 주변의 어른들께 고마움을 전해야 합니다. 집안일 돕기, 안마해 드리기, 편지 쓰기, 꽃 달아 드리기 등 어른들에게 고마움을 전하고 즐겁게 해드리는 일은 정말 여러 모양과 방법이 있을 것입니다. 그러나 가장 중요한 일은, 항상 건강하고 밝게 웃는 모습을 가족들에게 보여 드리는 일입니다.

    특히 이번에는 가족들의 '발' 에 대해 생각해 보는 것은 어떨까요? 땀에 절어 냄새나지만 고마운 아빠 발, 시장에서 부엌으로 바쁘게 돌아다니는 엄마 발, 우악스럽게 커 보이는 형이나 오빠 발, 유치원에서 놀이터로 귀엽게 돌아다니는 동생 발, 모두가 소중한 발들입니다. 이렇게 우리 몸의 한 부분을 구체적으로 생각해 보고, 그것에 대한 느낌을 정리하는 것도 좋은 글에 가까이 가는 방법입니다.

    잊지 말아야 할 것은 고마움과 사랑을 전하고 싶어도 부모님이 안 계시는 어린이들도 있다는 사실입니다. 안아 줄 어린이가 없는 어른들도 있습니다. 가정의 달을 맞이하여 온 가족이 고아원, 양로원 등의 시설을 방문하는 것도 뜻 깊은 5월을 보내는 방법입니다.

    이 달에 읽을 책은 가족과 가정을 주제로 한 책 네 권입니다.

5월

우리 동네에는 아파트가 없다

글쓴이 김중미 1963년 인천에서 태어났습니다. 방송대학교 교육학과를 졸업했습니다. 1999년 '좋은 어린이책' 창작 부문에서 대상을 받았습니다. 〈괭이부리말 아이들〉, 〈종이밥〉 등을 썼습니다.

그린이 유동훈 1969년 인천에서 태어났고, 인하대학교 행정학과를 졸업했습니다. 지은이와 함께 인천 '기찻길 옆 작은 학교'에서 일하고 있습니다.

내용

> 봄 첫째 상윤이의 일기, 여름 둘째 상민이의 일기, 가을 나 셋째 상미의 일기, 겨울 넷째 상희의 일기, 이렇게 네 형제의 일기가 이 책의 내용입니다. 저 멀리 진도에서 인천으로 이사와 가난한 살림 속에서 힘들게 살아가는 한 가족의 이야기입니다. 그래도 희망을 가지고, 즐거움을 가지고 살아가는 이들의 모습이 아름답고 대견합니다.

♥ 2002년 10월 처음 펴냄. 글 김중미. 그림 유동훈. 펴낸곳 도깨비. 128쪽. 8,000원

할아버지 요강

시쓴이 임길택 1952년 전라남도 무안에서 태어나 1997년에 사망했습니다. 목포교육대학을 나오고, 산골과 탄광 마을에서 아이들을 가르치며 글을 썼습니다. 〈불또래〉, 〈탄광 마을 아이들〉, 〈우리 동네 아이들〉 등을 펴냈습니다.

그린이 이태수 1961년 서울에서 태어나 경기도 백학 마을에서 자랐습니다. 홍익대학교 서양화과를 졸업했고, 〈달팽이 과학동화〉, 〈보리 아기그림책〉, 〈우리끼리 가자〉, 〈우리 순이 어디 가니〉 등을 펴냈습니다.

시 쓴이의 말 중에서

> "나는 우는 것들을 사랑합니다. 그리고 아직 시가 무엇인지 잘 모르지만, 그 우는 것들의 동무가 되어 그들의 숨겨진 이야기를 쓰고 싶습니다. 다만 한 가지, 글을 읽을 줄 아는 이라면 아이, 어른 누구나 알아들을 수 있는 이야기들을 쓰려 합니다."

♥ 1995년 12월 처음 펴냄. 시 임길택. 그림 이태수. 펴낸곳 보리. 136쪽. 5,500원

아빠 보내기

글쓴이 박미라 충청남도 천안의 과수원에서 어린 시절을 보냈고, 대학에서는 문예창작을 전공했습니다. 이 책이 처음 쓴 책입니다.

그린이 최정인 서울에서 태어났고, 홍익대학교에서 판화를 공부했습니다. 작품으로 〈그림 도둑 준모〉가 있습니다.

글쓴이의 말 중에서

"살면서 누구나 사랑하는 사람을 떠나보내지 않으면 안 돼. 그건 아무도 거스를 수 없는 인간의 운명이잖아. 민서가 아빠를 병으로 떠나보냈듯이 말이야. 그런 일을 새순처럼 여린 민서 또래의 아이들이 겪지 않았으면 좋으련만. 하지만 세상은 온통 예기치 않은 일들로 가득하잖아."

♥ 2004년 5월 처음 펴냄. 글 박미라. 그림 최정인. 펴낸곳 시공주니어. 116쪽. 6,500원

사과나무 위의 할머니

지은이 미라 로베 1913년 독일 슐레지엔에서 태어났습니다. 1995년 빈에서 사망하기까지 100여 권의 어린이책을 썼습니다. 주요 작품으로는 〈인수푸, 아이들의 섬〉, 〈나야 나!〉, 〈원시림의 티티〉, 〈그 사람은 너희들이 생각하는 것과는 달라〉 등이 있습니다.

그린이 수지 바이겔 1919년 오스트리아에서 태어났습니다. 20년 넘게 미라 로베의 전문 일러스트레이터로 활동했습니다.

옮긴이 전재민 1966년 서울에서 태어났습니다. 독일 프라이부르크 대학에서 공부했습니다. 옮긴 책으로 〈가까워지는 것에 대한 두려움〉, 〈말썽꾸러기 희망꾸러기〉, 〈자연인 이솝〉 등이 있습니다.

내용

할머니가 있는 친구들을 부러워하던 안디에게 할머니가 두 분 생깁니다. 상상 속에서 무엇이든 잘 해내는 사과나무 할머니와 관절염으로 몸이 불편한 이웃집 핑크 할머니입니다. 사과나무 할머니와는 환상적인 모험 이야기가, 핑크 할머니와는 따뜻한 현실적인 이야기가 전개됩니다. 이 책은 미라 로베의 대표작으로 20여 개 국어로 번역되었습니다.

♥ 2000년 3월 처음 펴냄. 글 미라 로베. 그림 수지 바이겔. 전재민 옮김. 펴낸곳 중앙출판사. 224쪽. 6,000원

넘어야 할 아픔들
- 〈아빠 보내기〉를 읽고

김옥련

　우리 이웃에 아빠 없이 엄마와 두 딸이 사는 집이 있습니다. 그러한 사실을 저는 전혀 몰랐다가 몇 달 전에 우연히 알았습니다. 그 집 큰 언니는 대학생이고 작은 언니는 지금 초등학교 6학년이라고 합니다. 아빠는 4~5년 전에 돌아가셨다고 했습니다.
　이 책을 읽은 후 저는 두 언니를 그냥 보지 않게 되었습니다. 그런데 이상한 것은 그 언니들은 아빠가 있는 우리와 다른 점이 아무 것도 없다는 것이었습니다. 동네에서 그렇게 자주 만나는 것은 아니지만, 밝은 표정과 단정한 옷차림이어서인지 우리와 다른 점이 하나도 없었습니다. 그래서 저는 이 책이 너무 과장이 심하지 않았나 하는 생각도 들었습니다. 엄마한테 다시 물어보았더니 정말 아빠는 안 계시고, 엄마하고만 산다고 하셨습니다.
　어느 날 저녁에 대학교에 다니는 큰 언니가 남자 친구인 듯한 어떤 오빠하고 집 근처 공원에서 얘기를 하고 있는 것을 보았습니다. 웃으면서 재미있게 이야기하고 있었습니다. 저는 그런가 보다 하고 그냥 지나쳤습니다.
　그런데 또 며칠 후였습니다. 저녁 조금 늦게 아빠 심부름하느라고 문방구에 갔다 오는데 그 언니 둘이 공원 벤치에서 얘기를 하고 있었습니다. 저는 괜히 저쪽 그네에 앉아서 흔들거리고 있었습니다. 두 언니는 심각한 표정으로 얘기를 하고 있었습니다.
　그때 갑자기 작은 언니가 소리쳤습니다. 다른 말은 못 들었습니다. 단지 '아빠가 없어서 그래?'라는 외침만 들었습니다. 그게 다였습니다. 한참 동안 둘 다 아무 말이 없었습니다. 그러더니 갑자기 서로 껴안고 소리 죽여 울고 있었습니다.
　저는 너무 놀라고 당황해서 그냥 집으로 뛰어 들어왔습니다. 그리고는 방에 들어가 이불을 뒤집어 쓰고 덜덜 떨었습니다. 그때 아빠가 방문을 열고는 '너, 왜 그러냐?' 하시더니 아무 말도 안 하니까 문을 조용히 닫고 가셨습니다. 내가 이렇게 가슴이 아픈데, 그 언니들은, 그 책의 주인공들은 얼마나 아플까를 생각하니 눈물이 번지는 것을 어쩔 수가 없었습니다. 책이 주는 고마움 중 하나가 제가 겪지 못하는 것을 미리 경험하기도 하고 간접 경험을 한다는 걸 깨달았습니다.

　이제부터 여러분이 다음의 원고지 4매에 독후감을 씁니다. 무엇을 쓰든지 마음 편하게, 침착하게, 천천히 쓰기 바랍니다.
　원고지에 쓰는 요령은 이 책의 30쪽~32쪽과 40쪽~42쪽에 있으니 미리 한번 읽어 보는 것이 좋겠지요.
　글을 쓰기 전에 날짜를 원고지 위에 꼭 쓰기 바랍니다. 나중에 다시 보는 날이 반드시 있을 것입니다.

맞춤법, 띄어쓰기, 문장부호
- 쉬워 보이지만 어렵고 복잡한 우리말 법칙

한국 사람이 우리말인 한글을 제대로 쓰기가 그렇게 쉬운 일은 아닙니다. 문장은 커녕 우선 맞춤법과 띄어쓰기부터 어렵게 느껴집니다. 왜냐하면 늘 쓰고 있어 별로 신경을 기울이지 않기 때문입니다. 또, 막상 원고지에 쓰려고 하면 어려운 문법을 알아야 하고 쓰임을 제대로 알아야 하기 때문입니다. 그렇지만 기본 원칙은 있습니다. 기본만 알고 있으면 별로 어렵지 않은 것이 또한 한글입니다.

1. 맞춤법
한글의 맞춤법은 쉬우면서도 어렵습니다. 그리고 이것은 오로지 기억과 훈련에 의해서만 정확하게 쓸 수 있습니다. 맞춤법을 올바르게 쓸 수 있는 길은 어려서부터 항상 사전을 찾아가며 정확한 단어를 쓰는 습관을 익히는 것입니다.

2. 띄어쓰기
1) 띄어쓰기의 큰 원칙은 조사(-은, -는, -이, -가, -을, -를 등)는 붙여 쓰고, 모든 낱말과 낱말 사이는 띄어 쓰는 것입니다.
2) 문단 나누기
문단은 문장의 단락으로 내용이 바뀌면 줄을 바꾸어 줍니다. 앞의 문단 마지막 문장 다음은 그대로 비워둡니다. 그리고 줄을 바꾸어 다음 문단의 첫 칸을 비우고 쓰면 됩니다.

	그		날		밤	,	바	우	는		마	을	로		내	려	와		황
부	자	네		곳	간	에		살	살		기	어		들	어	가		온	갖
귀	한		물	건	들	을		모	두		훔	쳐		달	아	났	다	.	
	다	음	날		아	침	,	곳	간		문	이		열	려		있	고	
그		안	에		있	던		물	건	들	이		모	두		없	어	진	
것	을		안		황	부	자	는		화	를		불	같	이		내	고	,
아	랫	것	들	을		모	두		불	러		당	장		도	둑	놈	을	
잡	아	오	라	고		호	령	호	령	했	다	.							

3) 원고지에서의 띄어쓰기

① 줄의 끝 부분에서 띄어 써야 할 경우에는, 다음 줄의 첫 칸을 비우지 않고 줄 끝 부분에 v 표시를 해 줍니다.

그	날	밤	,	바	우	는		마	을	로		내	려	와		황
부	자	네		곳	간	에		살	살		기	어		들	어	가		온	갖	V
귀	한		물	건	들	을		모	두		훔	쳐		달	아	났	다	.

② 큰 따옴표나 작은따옴표가 들어간 대화글이나 끌어들인 말(인용 말)을 쓸 때는 첫 칸은 비우고 다음 칸에 따옴표를 쓰고, 셋째 칸부터 내용을 씁니다. 따옴표의 내용이 끝날 때까지 첫 칸은 비우고 씁니다.

	"	아	이	고	,		저	거		다		쏟	아	지	네	.	지	금		뭐
	하	고		있	는		거	냐	.		힘	을		쓰	는		거	냐		안
	쓰	는		거	냐	?		내	가		미	치	지		미	쳐	.	"

③ 온점이나 반점은 한 칸에 쓰고, 다음 칸을 비우지 않습니다.

그	러	니	까	,		그	렇	다	는		말	입	니	다	.	아	니	요	,
그	건		무	슨		말	씀	이	지	요	?		네	,		그	렇	게		되	었
습	니	다	.

④ 말줄임표나 말없음표는 한 칸에 3개씩 쓰고, 그 다음 칸에 온점을 찍습니다.

| | 어 | 쩌 | 다 | 가 | | 그 | 런 | | 일 | 이 | … | … | . |

⑤ 온점과 따옴표는 같은 칸에 쓰지만 물음표와 느낌표를 따옴표와 함께 쓸 때는 칸을 달리하여 나타냅니다. 그러나 느낌표나 물음표라 하더라도 줄의 맨 끝에서는 따옴표와 함께 씁니다.

보기 1) 온점과 작은따옴표가 함께 한 경우

| | ' | 집 | 으 | 로 | | 갑 | 니 | 다 | . | ' |

보기 2) 온점과 큰따옴표가 함께 한 경우

| | " | 집 | 으로 | | 갑 | 니 | 다 | . | " | | | | | | |

보기 3) 물음표와 작은따옴표가 함께 한 경우

| | ' | 집 | 으로 | | 간 | 다 | ? | ' | | | | | | | |

보기 4) 느낌표와 따옴표가 함께 한 경우

| | " | 집 | 으로 | | 가 | 는 | 구 | 나 | ! | " | | | | |

보기 5) 줄의 맨 끝에 따옴표가 올 경우

| | " | 집 | 으로 | | 동 | 생 | 들과 | | 더불어 | | 가 | 는 | 구 | 나 | ? " |

3. 문장부호

1) · 가운뎃점

쉼표와 연결되어서 다시 작은 단위로 나뉘어진 말을 연결할 때 씁니다. 그리고 주요하고 특별한 뜻을 나타내는 말에 씁니다.

예 1) 사과·배, 감·밤은 각각 상의 왼쪽과 오른쪽에 놓여 있었다.

예 2) 8·15광복, 3·1운동, 4·19의거

2) : 쌍점

설명을 하거나 종류를 나열할 때 씁니다.

예 1) 문방사우 : 붓, 종이, 먹, 벼루를 말한다.

예 2) 민화 : 민간 전설이나 서민 생활을 소재로 한 그림

3) / 빗금

서로 반대되는 뜻이나 분수를 나타낼 때 씁니다.

예 1) 고운 얼굴/미운 얼굴

예 2) 3/7

6월

어울림의 달

유월은 더불어 사는 것, 어울려 사는 것, 나를 있게 한 뿌리인 조국을 생각해 보는 달입니다. 유월은 '호국·보훈'의 달이라고 합니다. 나라를 생각하고 나라를 위해 애쓰다가 돌아가신 분들을 기리는 마음을 가슴 깊이 새기는 달입니다.

우리는 같은 민족끼리 총을 겨누며 싸웠던 아픈 기억을 갖고 있는 나라입니다. 다시는 이 땅에서 피 흘리는 일이 없어야 합니다. 이 달 만이라도 나라와 민족에 대해 생각해 보고, 그래서 함께 사는 것이 무엇인지, 더불어 잘 살기 위해 어떤 마음가짐이 필요한지 생각해 봅시다.

전쟁의 경험을 가지지 않은 어린이들로서는 '호국·보훈'이라는 말이 참으로 어려운 말일 것입니다. 그리고 그러한 글감을 가지고 글을 써야 했던 경험도 있을 것입니다. 전쟁을 겪은 할아버지, 할머니, 증조할아버지, 증조할머니의 경험을 듣거나 관련된 책과 영상물을 보면 조금이라도 우리 민족만의 아픔을 이해하게 될 것입니다.

이 달에 읽을 책은 호국·보훈에 관한 책들이어야겠지만, 여러분에게는 잘 맞지 않기 때문에 여러분이 속해 있는 작은 사회나 학교, 친구에 관한 책을 읽도록 합니다. 이제, 가정의 범위를 벗어나 어울림의 사회, 또는 국가를 바라보아야 할 때가 된 것이 아닐까요?

6월

나쁜 어린이표

글쓴이 황선미 1963년 충청남도 홍성에서 태어났습니다. 서울예술대학 문예창작과를 졸업했습니다. 지은 책으로 〈내 푸른 자전거〉, 〈앵초의 노란 집〉, 〈샘마을 몽당깨비〉 등이 있습니다.

그린이 권사우 1966년 강원도 태백에서 태어났고, 홍익대학교 회화과를 졸업했습니다. 〈입 큰 개구리〉, 〈아빠, 힘내세요〉, 〈메밀꽃 필 무렵〉 등의 책에 그림을 그렸습니다.

줄거리

> 건우는 나쁜 어린이 표를 받지 않으려고 노력하지만 번번이 노란 스티커를 받습니다. 선생님도 밉고 학교에도 가기 싫어집니다. 그러던 어느 날, 선생님 책상에 있던 노란 스티커 뭉치를 몽땅 찢어서 화장실에 버립니다. 야단맞을까 두려워 화장실에 숨어 있던 건우는 과연 어떻게 될까요?

♥ 1999년 12월 처음 펴냄. 글 황선미. 그림 권사우. 펴낸곳 웅진주니어. 96쪽. 6,000원

뚱보면 어때, 난 나야

글쓴이 이미애 1964년 대구에서 태어났고, 중앙대학교 문예창작과를 졸업했습니다. 스스로 뚱뚱하다고 생각하지만, 그래도 건강이 가장 중요하다고 말합니다. 동시집 〈큰 나무 아래 작은 풀잎〉, 동화집 〈그냥 갈까, 아니아니 손잡고 가자〉, 〈행복한 강아지 뭉치〉 등을 썼습니다.

그린이 최철민 서양화와 시각디자인을 전공했으며, 그린 책으로 〈뽕뽕뽕 방구쟁이 호랑이〉, 〈별을 키우는 아이〉 등이 있습니다.

글쓴이의 말 중에서

> "나는 살 때문에 상처 받는 친구들, 상처 주는 친구들 모두를 위해 이 글을 썼어요. 뚱뚱하다는 것 때문에 마음에 상처를 받는다면 이겨낼 방법은 두 가지. 까짓 당당해지거나 아니면 조금이라도 살을 빼보는 것이 아닐까요."

♥ 2001년 4월 처음 펴냄. 글 이미애. 그림 최철민. 펴낸곳 파랑새어린이. 152쪽. 7,000원

조커

글쓴이 수지 모건스턴 미국 뉴저지에서 태어나 프랑스 수학자와 결혼하여 두 딸의 엄마가 되었습니다. 〈엉뚱이 소피의 못 말리는 패션〉, 〈우리 선생님 폐하〉, 〈공주도 학교에 가야 한다〉, 〈0에서 10까지 사랑의 글자들〉 등 40여 편의 어린이 책을 썼습니다.

그린이 미레유 달랑세

옮긴이 김예령 1967년 서울에서 태어났습니다. 서울대학교 불문학과를 졸업하고 파리 제 10대학에서 공부했습니다. 옮긴 책으로 〈육체의 악마〉가 있습니다.

내용

> 잠자리에서 일어나고 싶지 않을 때 쓰는 조커, 학교에 가고 싶지 않을 때 쓰는 조커, 숙제를 하고 싶지 않을 때 쓰는 조커, 수업시간에 잘 때 쓰는 조커, 거짓말을 하고 싶을 때 쓰는 조커, 자기 시간을 갖고 싶을 때 쓰는 조커, 조커 중의 조커, 과연 이 조커들을 어떻게 쓸까요?

♥ 2000년 9월 처음 펴냄. 글 수지 모건스턴. 그림 미레유 달랑세. 김예령 옮김. 펴낸곳 문학과 지성사. 74쪽. 6,000원

파스칼의 실수

글쓴이 플로랑스 세이보스 프랑스 리옹에서 태어났습니다. 20세 때 글쓰기를 시작하여 어른들을 위한 소설을 쓰는 한편, 어린이와 청소년을 위한 작품을 쓰고 있습니다.

그린이 미셸 게 1947년 프랑스 리옹에서 태어났습니다. 처음에는 그림을 인정받지 못했으나 〈꼬마 사냥꾼과 코끼리〉로 성공했습니다. 〈발랑틴느〉, 〈비분데〉 시리즈를 펴냈습니다.

옮긴이 최윤정 연세대학교 불문학과를 졸업했습니다. 옮긴 책으로 〈우리 엄마한테 이를 거야〉, 〈수영장 사건〉, 〈내 남자 친구야〉 등이 있습니다.

줄거리

> 파스칼은 선생님에게 엄마가 돌아가셨다고 엉겁결에 거짓말을 합니다. 이 소식을 들은 선생님은 파스칼의 아빠에게 전화를 합니다. 전화를 받은 아빠가 어리둥절해 하자, 파스칼은 프랑수아 엄마가 돌아가셨는데 선생님이 전화를 잘못 걸었다고 또 거짓말을 합니다. 그러자 엄마는 프랑수아를 집에 데려오자고 하는데…….

♥ 1997년 3월 처음 펴냄. 글 플로랑스 세이보스. 그림 미셸 게. 최윤정 옮김. 펴낸곳 비룡소. 74쪽. 6,000원.

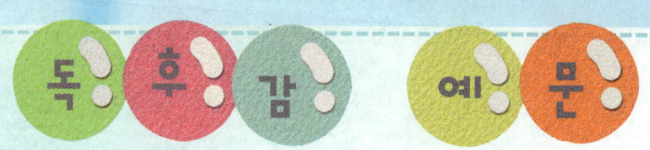

늘 선물이 기다리는 학교
― 〈조커〉(학교 가기 싫을 때 쓰는 카드)를 읽고

김옥련

2학년 때 나이 들고 멋없는 선생님은 솔직히 싫었습니다. 체육 시간에 운동장에 나가지도 않고, 조금만 움직여도 벌을 주고, '해라', '하지 말아라' 는 말밖에 모르는 선생님. 옷 색깔은 내가 좋아하는 노랑, 보라 대신 무슨 색깔인지 이름도 모르는 것만 입으셨습니다. 게다가 현장학습에 가서 곤충을 관찰하고 있는데 '모여, 쓰레기 주워.' 어휴, 정말 따분했습니다.

이 책의 노엘(산타클로스를 뜻하는 말) 선생님도 겉으로 보면 주름투성이인데다 배불뚝이, 사방으로 아톰처럼 뻗친 흰머리, 제가 싫어하는 종류의(?) 선생님이었습니다. 그런데 학교에 온 첫 날 뜻밖에 조커(카드 놀이에서 궁지에 빠졌을 때 쓰는 카드)를 선물로 준비하셨습니다.

샤를르는 책을 읽느라 밤샘을 했습니다. 그리고는 늦게 학교에 나타나 잠자리에서 일어나기 싫을 때 쓰는 조커를 내밀었습니다. 너무 재미있었습니다. 저는 애완동물도 함께 있을 수 있는 기숙학교에 가는 게 꿈인데, 강아지와 함께 학교 가는 조커를 만들었으면 좋겠습니다.

한편 군대식 교육을 강조하는 교장 선생님에게는 수업중에 어린이들이 노래를 부른다거나, 다같이 떠들고 있는 교실 분위기를 만드는 노엘 선생님이 눈엣가시였습니다. 이런 선생님 때문에 아이들이 오히려 학교 오기를 즐거워하고, 수업 빼먹기를 싫어한다는 걸 왜 모르실까요?

결국, 교장 선생님의 요구대로 노엘 선생님은 은퇴하게 됩니다. 하지만 아이들은 진정으로 노엘 선생님을 사랑하게 되고, 노엘 선생님은 '모든 것은 때가 있는 법이다.' 는 교훈을 직접 보여 주셨습니다. 진정한 선생님이신 것입니다.

떠나면서 웃을 수 있는 건 쉽지 않을 것입니다. 우리 아빠의 말처럼 지고서도 웃는 사람이 최후의 승자인 것입니다. "노엘 선생님, 우리 학교로 오세요."

    이제부터 여러분이 다음의 원고지 4매에 독후감을 씁니다. 무엇을 쓰든지 마음 편하게, 침착하게, 천천히 쓰기 바랍니다.

    원고지에 쓰는 요령은 이 책의 30쪽~32쪽과 40쪽~42쪽에 있으니 미리 한번 읽어 보는 것이 좋겠지요.

    글을 쓰기 전에 날짜를 원고지 위에 꼭 쓰기 바랍니다. 나중에 다시 보는 날이 반드시 있을 것입니다.

제목은 그 사람의 얼굴
- 사람을 볼 때는 얼굴부터 봅니다 -

사람의 얼굴이 주는 첫 인상은 그 사람에 대한 느낌을 아주 크게 결정짓습니다. 글의 제목은 사람으로 치면 얼굴과 같습니다. 따라서 제목은 그 글에 대한 관심도와 느낌을 결정짓습니다. 친근감 있고 부드러운 성격을 주는 첫 인상 때문에 친구가 되는 것처럼, 매력 있는 제목 때문에 글에 관심을 가지고 계속 읽게 됩니다. 제목은 충분히 생각하고 자신만의 특별한 느낌을 살려서 정해야 합니다.

제목을 정하는 것은 간단한 일 같지만 참으로 어려운 일입니다. 길이가 너무 짧으면 빈약한 것 같고, 너무 길면 지루한 것 같고, 너무 튀게 지으면 값이 없어 보이고, 너무 신중하면 무거워 보입니다. 또 내용을 한 마디로 압축시켜야 합니다. 하여튼 글의 제목을 정하는 것은 어린이든 아주 뛰어난 작가든 쉽지 않은 일입니다. 포기하지 말고, 끝까지 잘 생각해서 마음에 드는 제목을 정할 때까지 신중하게 생각해야 합니다.

제목을 결정하는 시기는 아무 때라도 상관없습니다. 제목을 정해 놓고 글을 써도 좋고, 글을 쓰면서 제목을 정해도 좋고, 글을 다 쓴 다음에 정해도 좋습니다. 정해진 제목에 맞추어 글을 써야 하는 경우가 아니라면, 제목의 결정은 마지막까지 생각하는 것이 좋습니다.

저학년의 경우에는 큰 제목, 작은 제목 구분 않고 하나만 써도 됩니다. 학년이 높거나, 글 쓰는 것이 편안할 정도로 훈련이 된 친구라면 큰 제목과 작은 제목으로 나누어 써도 좋습니다. 작은 제목이 그냥 책 제목을 옮겨 쓰는 것이라면, 큰 제목은 글 전체의 중심 생각(주제)이나 자신의 인상적인 느낌을 살려서 쓰면 됩니다.

큰 제목은 반드시 둘째 줄 중앙에 써야 합니다. 작은 제목은 큰 제목 바로 아래에, 읽은 책의 제목을 꺽쇠(〈 〉)를 붙여서 '-〈 〉를 읽고' 하면 됩니다. 제목 끝에는 문장부호 즉, 마침표(.), 쉼표(,), 느낌표(!), 물음표(?) 등을 안 붙이는 것이 원칙이지만 꼭 붙이고 싶다면 느낌표나 물음표 정도는 붙여도 됩니다. 큰 제목이든 작은 제목이든 20자 이하로 하는 것이 좋습니다.

　예 1. 〈피노키오〉를 읽고
　예 2. 자유를 위해 치러야 하는 대가
　　　 -〈머피와 두칠이〉를 읽고

7월

자연과 환경의 달

    7월은 장마가 끝나고 여름방학이 시작되는 달입니다. 많은 자연의 변화를 보게 되고 야외 활동이 활발하게 이루어지는 달입니다. 미리부터 활동 계획과 방학 계획을 세워 보는 것이 좋습니다. 방학은 평소에 하지 못했던 현장 체험, 여행, 독서, 모자라는 공부 보충의 좋은 기회입니다.

    자연을 한번 돌아보면 어떨까요. 나무들 우거진 숲 속에서 나뭇잎 사이로 떨어지는 빗방울에 온몸을 적셔 보는 것도 아름다운 추억을 만드는 일입니다. 어두운 밤하늘에 별을 바라보고 내 별을 하나 만드는 것으로 이 여름을 시작하는 것도 좋겠지요. 그리고 환경을 생각해 보는 시간을 가지는 것도 필요합니다. 하나뿐인 지구는 우리가 지켜야 하기 때문입니다.

    자연에 관한 책을 많이 읽는 것도 바람직한 일입니다. 자연 속에 파묻히는 직접 경험과 책을 통한 간접 경험으로 7월을 보람있게 지내기 바랍니다.

    이 달에 읽을 책들은 자연에 관한 책들입니다. 아름다운 자연을 보면 아름다운 마음을 가지게 됩니다. 그러면 자연히 환경도 생각하게 되겠지요. 그리고 이 달에는 시집도 한 권 읽어 보도록 합니다.

7월

강물아 강물아 이야기를 내놓아라

지은이 양태석 서울예술대학 문예창작과를 졸업했습니다. 주로 집에서 소설과 어린이를 위한 다양한 책을 쓰고 있습니다. 〈우리말 여행〉, 〈한자 여행〉, 〈나의 꿈 하늘까지〉 등을 썼습니다.

옮긴이 전병준 지금도 서울에 있는 작업실에서 어린이 책에 그림을 그리고 있습니다. 그린 책으로 〈소똥 밟은 호랑이〉, 〈학교에 간 토끼 마빡이〉, 〈벤의 대모험〉 등이 있습니다.

본문 중에서

> "이 책에는 두만강, 압록강, 대동강, 임진강, 한강, 금강, 낙동강, 섬진강 등 우리나라의 여덟 개 강에 전해오는 여덟 가지 이야기가 담겨 있어요. 떡밖에 모르는 떡보의 기막힌 지혜 대결, 이무기에게 먹힐 뻔한 구두쇠 영감의 사연, 마을을 구한 두꺼비들의 대소동, 사람을 사랑한 곰 이야기 등 재미난 옛이야기를 읽으며 강 주변에 흩어져 있는 역사 유적도 사진으로 만나 보세요."

♥ 2004년 4월 처음 펴냄. 글 양태석. 그림 전병준. 펴낸곳 해와나무. 140쪽. 8,000원

울지마, 울산바위야

지은이 조호상 1963년 강원도 원주에서 태어났습니다. 1989년 시를 발표하면서 작품 활동을 시작했습니다. 〈연오랑 세오녀〉, 〈얘들아, 역사로 가자〉, 〈재치가 배꼽 잡는 이야기〉, 〈별난 재주꾼 이야기〉 등을 썼습니다.

그린이 이은천 충청남도 옥천에서 태어났습니다. 중앙대학교에서 한국화를 공부했습니다. 그린 책으로 〈할머니를 따라간 메주〉, 〈까치 아파트〉, 〈세상에서 가장 소중한 약속〉 등이 있습니다.

지은이의 말 중에서

> "이 책에도 다섯 편의 전설을 담아 놓았지. 나 아주 어릴 적 라디오를 들을 때처럼 너희들도 눈알이 빤질빤질해지도록 재미나게 이 이야기들을 읽어주면 좋겠네. 책에 코를 박고 읽어주면 좋겠네. 그랬으면 좋겠네."

♥ 2002년 3월 처음 펴냄. 글 조호상. 그림 이은천. 펴낸곳 한겨레. 104쪽. 6,800원

자연보호 운동의 선구자 존 뮤어

지은이 조셉 코넬 세계적으로 유명한 자연 교육가입니다. 〈어린이들과 함께 나누는 자연 교육〉은 20개국 이상에서 번역되었습니다. '자연나눔 월드와이드'의 설립자이기도 한 그는 세계 여러 곳에 자신이 개발한 프로그램을 전하고 있습니다.

그린이 엘리자베스 앤 켈리 · 크리스토퍼 캐니언

옮긴이 장상욱 한국 '자연나눔연구소'의 책임자입니다. 대학과 사회단체에서 자연 체험 교육과 생태 교육 강의를 하고 있습니다. 〈아이들과 함께 나누는 자연 체험 1, 2〉를 번역하였습니다.

지은이의 말 중에서

"자연을 연구하고 보호하는 운동을 실천한 존 뮤어의 일생을 다룬 책입니다. 영국 스코틀랜드에서 태어나 미국으로 이민 간 그는 어린 시절 자연 속에서 마음껏 뛰어 놀았습니다. 이때의 경험이 자연 보호의 밑거름이 되었습니다. 자연이 우리에게 무엇인가 해 주기를 기대하지 말고, 자연을 기쁘게 해 주라고 말합니다. 자연은 한 가족이고, 이 세상은 우리 집이라고 생각했습니다."

♥ 2004년 11월 처음 펴냄. 글 조셉 코넬. 그림 엘리자베스 앤 켈리 · 크리스토퍼 캐니언. 펴낸곳 바다. 112쪽. 8,000원

개구쟁이 산복이

엮은이 이문구 1941년 충청남도 보령에서 태어났습니다. 잘 알려진 소설가로 〈장한몽〉, 〈관촌수필〉, 〈우리 동네〉 등 많은 작품을 발표했습니다. 이 동시집에도 나오는 두 아이를 기르면서 틈틈이 동시와 동요를 지어 들려주었습니다.

그린이 김영덕

해설자의 말 중에서

"동시란 모름지기 쉬운 말, 쉬운 가락으로 깊은 감동을 줄 수가 있어야 한다면 이 동시들이야말로 참으로 동시다운 동시라고 하겠습니다. 어린이는 물론 어른들도 모처럼 동심으로 돌아가 사뭇 기쁨과 설렘에 젖게 하는 시. 이웃을 사랑하고, 그 가난한 삶을 사랑하고 자연을 사랑하는 시. 또 새삼스레 어린 날의 추억을 새김질하며 아득한 향수에 젖게 하는, 그리하여 우리의 마음을 그지없이 밝고 맑게 해주는 시. 이 동시집은 그런 시로 가득 차 있답니다."

♥ 1988년 4월 처음 펴냄. 글 이문구. 그림 김영덕. 펴낸곳 창비. 196쪽. 5,000원

동시 짓기

시원한 냇가

황룡초등학교 3학년 4반 천희원

시원한 냇가에
아이들이 옹기종기 모여서
첨벙첨벙 헤엄쳐요.

헤엄을 그만두고
냇가에서 물고기를 잡아요.
물고기가 요기서 조기서
튀어 나와요.

고기잡기 그만두고
하나 둘씩
아이들은 돌아가요.

시냇물이 물을 튀겨가며
말을 해요.
시냇물은 수다쟁이.

미루나무는 그늘 펴고
잠자려 해요.
미루나무는 잠꾸러기.

흰 구름은 뭉실 뭉실
어디로 놀러가요.
흰 구름은 놀러가기를
좋아하나 봐요.

시원한 냇가에서 모두들
즐거워해요.

 이제부터 여러분이 다음의 원고지 4매에 독후감을 씁니다. 무엇을 쓰든지 마음 편하게, 침착하게, 천천히 쓰기 바랍니다.
 원고지에 쓰는 요령은 이 책의 30쪽~32쪽과 40쪽~42쪽에 있으니 미리 한번 읽어 보는 것이 좋겠지요.
 글을 쓰기 전에 날짜를 원고지 위에 꼭 쓰기 바랍니다. 나중에 다시 보는 날이 반드시 있을 것입니다.

글의 처음을 시작하는 다섯 가지 방법 중 1, 2, 3

매력적인 만남을 이끌기 위해서는 시작이 중요합니다. 하나의 글을 물고기와 비교한다면 글의 처음 부분은 물고기의 머리에 해당된다고 할 수 있습니다. 머리는 몸 전체에 비해서 작은 부분을 차지하고 있지만 물고기에게 있어 가장 중요한 부분입니다. 글도 마찬가지입니다. 끝까지 읽게 하는 흥미와 끌림은 이 앞부분에서 판가름 난다고 할 수 있습니다. 짧은 글 속에서 가장 중요한 핵심과 신선한 만남을 끌어내 보도록 합시다.

1. 적극적인 동기와 이유를 밝히기

책과의 첫 만남은 여러 동기가 있을 수 있습니다. 나의 관심 분야일 수도 있고, 나를 이끌어 주는 선생님의 적극적인 추천이 있을 수도 있습니다. 아니면 평소에 좋아하는 친구의 권유에 의해 선택할 수도 있습니다. 그런 구체적인 이유를 밝히는 것도 글의 처음을 시작하는 방법이 될 수 있습니다.

여기에서 피해야 할 것은 소극적인 동기나 이유입니다. '방학 숙제로 내줘서…….' '퀴즈 시험을 본다고 해서…….' 이런 식의 이유는 자신의 생각하는 힘을 포기하는 것과 마찬가지입니다. 이럴 경우 숙제로 읽게 되었지만 내 마음 속에서 적극적인 독서 이유나 물음을 찾아내야 합니다.

적극적으로 글의 처음을 시작하는 예를 들어 보겠습니다. 첫 번째는 환경문제에 대한 글이고, 두 번째는 〈찾아라 고구려 고분벽화〉의 독후감의 시작입니다.

"숙제로 내주어서 읽었지만, 환경 문제 가운데 물의 오염 문제를 자세히 생각해 보는 계기가 되었습니다. 그리고 우리나라가 물 부족 국가에 속한다는 새로운 사실을 알게 해주는 책이어서 더욱 관심 있게 읽게 되었습니다."

"퀘퀘한 무덤 속 이야기, 재미없는 역사 이야기일 줄 알고 책장을 열었습니다. 그런데 종횡무진으로 오가는 시간 여행, 컴퓨터라는 현대의 놀라운 발명품 속으로 빨려드는 환상적인 이야기 구조가 흥미로웠습니다. 점점 책의 역사 속으로 시간 가는 줄 모르고 빠져들었습니다."

2. 이야기 속에 나오는 등장 인물 소개

책의 내용에 따라 등장 인물의 수나 성격이 다르고 때로는 동물이 주인공이 될 수도 있습니다. 이때 주요 등장 인물을 소개하면 글의 앞부분을 한결 재미있게, 나의 색깔을 가지고 쓰는 방법이 될 것입니다. 그러면 독후감을 읽는 독자도 흥미롭게, 새로운 느낌을 갖고 읽게 될 것입니다.
〈비밀의 화원〉에 대해 쓴 글을 예로 들어 봅니다.

"주인공 메리는 버릇없고 못생긴 아이입니다. 인도에서 콜레라로 부모를 잃은 후, 영국 요크셔 지방의 미셸스와이트 장원으로 가서 밝고 긍정적인 아이로 변합니다. 자기밖에 모르던 이기적인 아이가 다른 사람도 밝은 세계로 이끌어 주는 아이가 됩니다.
마사는 영국에서 메리의 하녀로 일합니다. 사투리를 쓰지만 마음이 고운 아이입니다. 메리가 보다 활발하게 생활할 수 있도록 돕고, 황무지가 갖고 있는 생명력과 비밀의 화원에 대해 알려 주는 다정함을 갖고 있습니다."

3. 책 속의 생생한 배경 그려내기

　책의 줄거리가 어떤 배경에서 이어지는지 눈으로 보듯 생생하게 그려내는 방법입니다. 산촌에서, 읍내에서, 탄광에서, 달동네에서, 아파트촌에서, 바닷가에서, 섬에서, 어디서든 상관없습니다. 그 어디에선가 주인공들은 기뻐하고 슬퍼하고, 만나며, 노래하며, 헤어지기도 할 것입니다.

　이러한 분위기를 사실적으로 잘 그려내면 독자들은 상상력을 동원하여 그 장소로 달려가게 됩니다. 이야기가 어떤 장소에서 진행되느냐에 따라 책 전체의 분위기도 달라지는 것입니다. 다음은 서울 근교의 시골 학교를 다니는 아이들의 이야기가 담긴 〈심학산 아이들〉에 대해 쓴 예입니다.

"낮은 교문, 하얀 페인트를 칠한 2층 학교, 뒤에 나즈막한 심학산. 학교 위로 가면 염소 우리가 있고 그 왼편에 약수터가 있습니다. 모든 것이 낮게 있어 정겹고, 좁은 골목길을 따라 중국집과 문방구가 있는 곳.
　이 이야기 속의 심학초등학교는 내가 가 본 곳과 똑같이 그려져 있어서 실감나게 읽을 수 있었습니다."

　다음 달의 족집게 가르침 여섯으로 이어집니다.

8월

환상의 달

뭔가 특별한 경험을 해보고 싶은 달입니다. 더위를 이길 만한 멋진 일이 없을까요? '자전거 타고 통일전망대까지', '갯벌에서 축구하기', '하루에 산 두 개 넘기', '영화 하루 5편 보기', '키 높이로 책 쌓아 놓고 읽기' 등 아주 많을 것입니다.

산이나 바다, 자연은 지금 그 절정의 모양새를 자랑하고 있습니다. 어디서 자연을 관찰해 봅시다. 바람, 파도, 벌레, 풀, 비 무엇이든 좋습니다. 어디로 떠나도 좋습니다. 부모님을 조른 여행이든, 현장학습이든, 계곡의 물놀이든 무엇이든 말입니다. 어디에 가서 무엇을 하든, 내 생활이 자유롭고 내 마음이 행복할 수 있는 그 무엇인가의 경험이 필요합니다. 그러나 꼭 멀리 여행을 떠나야 하는 것은 아닙니다. 집밖을 나가서 새로운 느낌으로 사물을 바라보는 것은 모두 나에게는 산 체험이기 때문입니다.

다녀온 곳의 기념품을 모아서 액자나 책을 만들어 봅시다. 버스표, 깃털, 조개껍질, 풀잎 하나, 입장권, 안내문, 지도, 기념엽서, 이런 것들을 모아서 붙인 후, 그때의 느낌을 글로써 정리하면 나만의 멋진 작품이 될 것입니다. 한 여름 더위와 싸우고 즐긴 나만의 체험, 재미있는 독서, 이런 것들로 풍성한 여름, 뜨거운 여름의 일지를 만들어 봅시다.

이 달에 꼭 해야 할 일은 책을 많이 읽어야 한다는 것입니다. 어디를 가든, 항상 읽을 책 몇 권 가지고 떠나는 게 좋겠지요?. 파도 소리 들으며, 매미 소리 들으며 책장을 넘긴다는 것 자체가 '환상' 아닙니까? 이 달에 읽을 책 네 권은 환상적인 분위기를 자아내는 책들입니다.

8월

고래 벽화

지은이 김해원 1963년 충청남도 도고에서 태어났습니다. 순천향대학교 영문학과를 졸업했고, 2000년에 작가의 길로 들어섰습니다. 지은 책으로 〈거미마을 까치여관〉, 〈생각하는 아이를 위한 철학동화〉, 〈풀·벌레 이야기〉 등이 있습니다.

그린이 전상용 서울대학교 조소과를 졸업했습니다. 〈고래벽화〉는 그의 첫 번째 일러스트 작업입니다.

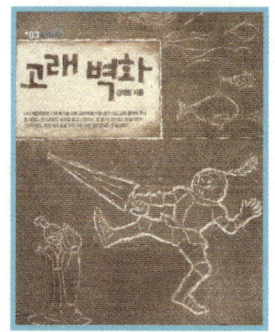

줄거리

아이라곤 딱 네 명뿐인 조용한 농촌 마을, 네 아이는 마을 골머리산에 비밀 본부를 만들어 고래 벽화도 새기고 불꽃놀이도 하며 즐거운 한때를 보냅니다. 그러나 즐거움도 잠시, 불씨가 산불을 내어 아이들의 비밀 본부가 들통납니다. 재미로 새긴 고래 벽화가 단박에 어른들의 눈길을 사로잡습니다. 갑자기 어른들의 발걸음이 빨라지고 동네는 시끌벅적해집니다.

♥ 2004년 4월 처음 펴냄. 글 김해원. 그림 전상용. 펴낸곳 바람의 아이들. 104쪽. 6,800원

신나는 텐트치기

글·그림 스벤 누르드크비스트 1946년 스웨덴의 헬싱보리에서 태어났습니다. 어린이 책을 만들기 전에는 건축가이자 광고 일러스트레이터였습니다. 현재 스웨덴에서 가장 인기 있는 일러스트레이터입니다.

옮긴이 김경연 서울대학교 독문학과를 졸업했습니다. 아동문학가이며 번역가입니다. 옮긴 책으로 〈행복한 청소부〉, 〈바람이 멈출 때〉, 〈애벌레의 모험〉 등이 있습니다.

줄거리

어느 날 우연히 커다란 소시지를 발견한 핀두스. 하지만 그것이 소시지가 아니라 텐트라는 걸 알게 되자, 텐트에서 자 보고 싶다고 할아버지를 졸랐습니다. 마침 할아버지도 자신이 만든 활 낚시로 고기를 잡아보고 싶어, 텐트를 가지고 호숫가로 놀러 가기로 했습니다. 하지만 이게 웬일입니까? 닭들까지 함께 간다고 야단법석이지 뭡니까?

♥ 2001년 5월 처음 펴냄. 글·그림 스벤 누르드크비스트. 김경연 옮김. 펴낸곳 풀빛. 32쪽. 7,500원

유니콘과 신비한 동물들

엮은이 마가렛 마요 신화와 민담에 대한 사랑과 폭넓은 지식을 바탕으로 어린이를 위한 책을 쓰고 있습니다. 〈창조 이야기〉, 〈처음 읽는 동화〉, 〈달을 만지고 싶은 임금님〉 등을 펴냈습니다.

그린이 제인 레이 영국뿐만 아니라 세계 여러 나라에서 높이 평가 받고 있는 어린이 책 화가입니다. 그린 책으로 〈달을 만지고 싶은 임금님〉, 〈세상은 이렇게 시작되었다〉, 〈행복한 왕자〉 등이 있습니다.

옮긴이 문우일 고려대학교를 졸업하고 어린이들을 위한 좋은 책 기획과 번역에 힘쓰고 있습니다. 지은 책으로 〈참 쉬운 글쓰기〉, 옮긴 책으로 〈곰곰이와 곰돌이〉가 있습니다.

내용
세계 각국의 동물에 관한 신화와 전설이 모여 있습니다. 하늘을 나는 말 페가수스, 보아서는 안 되는 인어, 혼자 다니는 유니콘, 초록 발톱을 가진 천둥새, 용문의 물고기 용, 제이미와 바다 뱀 왕초 스투어웜, 음악이 세상에 내려온 이야기 날개 달린 뱀, 하나뿐인 미노타우로스, 세 개의 신비한 알 나가 공주, 태양의 새 피닉스입니다.

♥ 2001년 11월 처음 펴냄. 마가렛 마요 엮음. 제인 레이 그림. 문우일 옮김. 펴낸곳 국민서관. 108쪽. 12,000원

넌 나의 소중한 친구야

지은이 원유순 강원도 횡성에서 태어나 인천교육대학을 졸업하고 초등학교 교사가 되었습니다. 지은 책으로 〈까막눈 삼디기〉, 〈열 평 아이들〉, 〈넌 아름다운 친구야〉, 〈진짜 우리 할머니야〉 등이 있습니다.

그린이 김희남 충청남도 홍성에서 태어났습니다. 그린 책으로 〈별 이상한 녀석〉, 〈아바타 엄마〉 등이 있습니다.

내용
용이 되지 못한 이무기와 친구가 된 가람이의 모험과 환상이 가득한 이야기입니다. 거무니와 나무니라는 두 이무기의 우정과 분노가 있고, 역시 우정과 미움을 경험하는 가람이의 활동이 아주 생동감 있게 펼쳐집니다. 마침내 우정을 되찾고 승천하는 두 마리의 이무기를 보는 가람이의 가슴은 터질 듯합니다.

♥ 2004년 9월 처음 펴냄. 글 원유순. 그림 김희남. 펴낸곳 세상모든책. 160쪽. 7,500원

신화는 재미로만 보나요?
- 〈유니콘과 신비한 동물〉을 읽고

최종수

　이 책에는 세계 여러 나라의 신비한 동물들에 대한 신화와 전설이 열 편 있습니다. 저는 이 책을 보면서 그 이야기 내용 중에서 비슷한 것은 무엇이고, 다른 것은 무엇인지, 또 우리나라의 신화와는 어떻게 다른지 한번 알아보겠다는 생각을 하였습니다.

　이야기 중에는 그리스 신화도 있고, 중국 신화도 있고 또 다른 나라 신화도 있었습니다. 그런데 모두 이상한 동물들만 나오고, 너무 분위기가 기괴하고, 그것이 그것 같기도 하고, 무엇이 다른지 뚜렷한 것을 찾아내지 못했습니다. 아마도 아직 제가 그런 것을 구별해 내기란 쉽지 않은가 봅니다. 사람과 동물이 마구 뒤섞여 있어 신비하면서도 황당하고 약간 무섭다는 것밖에는 기억에 남지 않았습니다.

　신화란 황당무계한 줄거리에 단지 재미있게 꾸며낸 이야기만은 아니겠지요. 분명히 옛날 사람들이 무엇인가 전하고 싶은 말이 있기 때문에 그런 이야기를 만들어 냈을 텐데 지금 저로서는 그것을 잘 알 수가 없습니다. 그냥 재미로만 볼 뿐입니다. 앞으로 신화들이 어떻게 생겨났고, 무엇을 말하고자 하는지 알아보고 싶습니다.

　여기에 나오는 이야기 중에서는 하늘을 나는 말 페가수스의 이야기가 가장 멋있었고, 혼자 다니는 유니콘의 이야기가 가장 마음에 들었습니다. 미노타우로스에 나오는 검은 돛의 이야기는 우리나라 전설과 똑 같았고, 나가 공주 이야기는 어쩐지 믿기 어려웠습니다.

　이제부터 여러분이 다음의 원고지 4매에 독후감을 씁니다. 무엇을 쓰든지 마음 편하게, 침착하게, 천천히 쓰기 바랍니다.

　원고지에 쓰는 요령은 이 책의 30쪽~32쪽과 40쪽~42쪽에 있으니 미리 한번 읽어 보는 것이 좋겠지요.

　글을 쓰기 전에 날짜를 원고지 위에 꼭 쓰기 바랍니다. 나중에 다시 보는 날이 반드시 있을 것입니다.

글의 처음을 시작하는 다섯 가지 방법 중 4, 5

4. 가장 인상적이고 감동적으로 느낀 부분 전하기

책을 읽은 후, 어떤 장면이 지워지지 않고 자꾸만 눈앞에 어른거리고, 아직도 어떤 기운이 내 마음을 두드리는 듯하고, 끊임없이 가슴 한 구석을 뭉클하고 아리게 하는 쓰라림, 문득 문득 눈앞이 흐려지고 고개가 저절로 숙여지는 듯한, 이런 느낌을 주는 책들을 우리는 감동적인 작품이라고 말합니다.

글을 쓰면서 가장 인상적이거나 감동적으로 느낀 부분을 글의 제일 앞에 쓰는 것도 독후감을 잘 쓰는 방법입니다. 가장 느낌이 생생한 표현은 다른 사람의 마음의 문을 여는 열쇠이기 때문입니다. 내가 느낀 만큼은 아니더라도 내 글을 읽는 사람도 느낌을 전달받을 수 있을 것입니다.

야생 동식물을 사랑하자는 백 마디의 외침보다 더 생생한 느낌을 주는 〈흰빛 검은빛〉을 읽은 어떤 어린이의 감동을 적어 볼까요?

한국의 〈시튼 동물기〉라 할 수 있는 책이었습니다. 커럼포의 늑대왕 로보가 장엄하게, 대장답게 최후를 마치는 장면은 아직도 눈에 선합니다. 그러나 〈흰빛 검은빛〉 두 늑대의 이야기는 〈시튼 동물기〉보다 더 장엄하고 슬펐습니다. 눈물이 쏟아질 듯했습니다.

흰빛 검은빛 늑대 형제가 살 곳을 찾아 헤매며 처절하게 싸우는 장면은 너무 가슴을 아프게 했습니다. 그리고 돈이 되기만 하면 생명을 짓밟고, 산도 마구 잘라내는 인간들이 있었습니다. 그러나 사냥꾼들의 반대편에는 생명을 감싸 안고 인간과 짐승을 모두 사랑하는 할멈이 있었습니다. 이 할멈의 마지막 가는 길을 피투성이로 따라가는 흰빛의 최후를 지켜보는 저는 하염없이 내리는 눈 속에서 울부짖고 있었습니다. '흰빛아, 제발 죽지 마!'

5. 책의 내용과 연결되는 나의 생활, 생각 옮기기

　이 방법은 가장 쓰기가 어렵지만, 가장 자연스럽고 세련되게 글을 시작하는 방법입니다. 독후감이란 결국, 책을 읽은 후, 내 것으로 소화시켜 나를 돌아보는 일이기 때문입니다. 주인공과 견주어서 나는 어떤 모습을 하고 있는지, 이 책에서 생각해 보고 싶은 나의 모습은 어떤 것인지 찾아내는 것이 중요합니다. 그래야만 내 마음의 양식이 되어 마음을 살찌우기 때문입니다.
　이 방법으로 글을 쓰려면 우선 자신의 주관을 뚜렷이 세워야 합니다. 자기 스스로 중심을 잡아야 다른 사람의 생활과 생각도 냉정하게 볼 수 있기 때문입니다. 또 무엇이 옳은지, 무엇이 옳지 않은지를 분별하는 판단력도 있어야 합니다. 옳은 것을 옳게 보고 잘못된 것을 고쳐가는 것이 올바르게 살아가는 기본 자세이고 글 쓰는 자세이기 때문입니다.
　　아파트 숲에 사는 요즘의 한 어린이가 〈저 하늘에도 슬픔이〉의 주인공 윤복이를 어떻게 보고 있는지 한번 보겠습니다.

"동생 지운이에게만 미키 시계를 사 주었다고 떼쓰며 심통을 부렸던 게 부끄러워집니다. 게다가 제게는 시계가 있는데 새 것을 갖고 싶은 욕심 때문에 엄마를 미워하기까지 했습니다.
　그런데 저랑 똑같은 4학년인 윤복이는 하루 끼니가 어려워 깡통을 들고 밥을 얻으러 갑니다. 껌을 팔면서 형들에게 맞아서 피투성이가 되기도 합니다.
　저 같으면 어땠을까요? 이럴 때 심술만 부리고 미워하는 마음과 포기하는 마음만 키웠을 것입니다. 이 책을 보면서 저는 많은 생각을 했습니다."

글의 처음을 시작하는 방법으로 다섯 가지를 이야기했습니다. 이외에도 여러 방법이 있을 수 있습니다. 우선 줄거리만 모두 쓰고 한 문단씩 자기 생각을 쓴다거나, 다른 작품과 비교해 가며 쓸 수도 있습니다. 그러나 그러한 것은 글쓰기에 어느 정도 익숙해진 다음에 해도 됩니다. 처음에는 위에 들은 다섯 가지 방법을 마음에 두고 글을 쓰는 것이 좋습니다.

9월

독서의 달

　아침 저녁으로 스치는 서늘한 한 줄기 바람에 지난 여름에 흘린 땀의 뜻을 되새겨 봅니다. 뜨거운 태양 아래 느슨하게 지냈던 여름을 뒤로 하고 가을을 맞이합니다. 들리지 않던 풀벌레 소리가 귓가에 들리기 시작합니다. 우리 마음 속에서 울리는 소리도 들을 수 있는 계절이 되었습니다.

　이 좋은 계절에 무엇을 하면 가장 좋을까요? 노는 것이 제일 좋겠지요. 그러나 놀기만 할 수는 없겠지요. 책도 읽어야죠. 이 달은 독서의 달입니다. 너무 놀기만 할까봐 독서의 달로 정했나요? 아니면 독서하기 아주 좋은 달이니까 독서의 달로 정했나요?

　9월이 독서의 달이기는 하지만 독서란 특별히 한 달 정해놓고 할 것이 아니니까 여기에서는 다른 주제를 하나 정해보는 것은 어떨까요? 이 달에는 개를 주인공으로 하여 우리에게 무엇인가를 일깨워 주는 이야기들을 살펴봅니다.

　개는 더 말할 것도 없이 인간에게 가장 가까운 동물입니다. 우리를 울리고 웃기는 개들의 이야기를 한 번 볼까요?

9월

돌아온 진돗개 백구

글쓴이 송재찬 1950년 제주에서 태어났습니다. 현재 초등학교 교사로 재직하며 글을 쓰고 있습니다. 지은 책으로 〈작은 그림책〉, 〈숲 속 이상한 샘〉, 〈큰 불 장군과 작은 불 왕자〉 등이 있습니다.
그린이 송진헌 1962년 전라북도 군산에서 태어났습니다. 홍익대학교 서양화과를 졸업했습니다. 그린 책으로 〈아주 특별한 우리 형〉, 〈아기너구리네 봄맞이〉, 〈괭이부리말 아이들〉 등이 있습니다.

줄거리
엄마 품처럼 따뜻한 진도를 떠나 머나 먼 도시로 팔려 간 진돗개 백구. 크고 좋은 새 집, 인심 좋은 새 주인을 만났지만, 백구의 마음속에는 남쪽 섬 진도와 서영이, 할머니에 대한 그리움만 가득합니다. 마침내 바다 찾아, 옛 주인 찾아 떠나기로 결심하는 백구. 떠돌이가 되어 낯선 도시를 헤매이는 백구 앞엔 어떤 일들이 기다리고 있을까요?

♥ 1997년 8월 처음 펴냄. 글 송재찬. 그림 송진헌. 펴낸곳 대교. 194쪽. 6,800원

내 친구 윈딕시

지은이 케이트 디카밀로 미국 펜실베이니아에서 태어나 플로리다에서 어린 시절을 보내고 플로리다 대학에서 영문학을 공부했습니다. 〈내 친구 윈딕시〉는 2001년 뉴베리 아너상을 받았습니다.
그린이 송재호 1973년 대전에서 태어났고, 홍익대학교 회화과를 졸업했습니다. 그린 책으로 〈장님 강아지〉, 〈아부지 아부지〉 등이 있습니다.
옮긴이 햇살과 나무꾼 동화를 사랑하는 사람들이 모여 만든 곳입니다. 옮긴 책으로 〈한밤중 톰의 정원에서〉, 〈화요일의 두꺼비〉 등이 있습니다.

줄거리
열 살짜리 소녀 인디아 오팔 불로니는 슈퍼마켓에 갔다가 윈딕시라는 개 한 마리를 데리고 돌아옵니다. 윈딕시는 평범한 개가 아니었습니다. 덩치가 크고 비쩍 마르고 고약한 냄새가 나지만, 윈딕시가 웃는 모습을 보면 누구라도 반하고 맙니다. 윈딕시 덕분에 오팔은 저마다 사연을 가진 사람들을 만나 친구가 되고, 어렸을 때 떠나 버린 엄마 이야기를 아빠에게 듣게 됩니다. 그 해 여름, 오팔이 겪은 일은 다 윈딕시 때문이었습니다.

♥ 2004년 1월 처음 펴냄. 글 케이트 디카밀로. 그림 송재호. 햇살과 나무꾼 옮김. 펴낸곳 시공주니어. 212쪽. 6,500원

삽살개 이야기

글쓴이 고수산나 1970년 광주에서 태어났습니다. 덕성여자대학교 국문학과를 졸업했습니다. 작품으로 〈꽃부리 종려나무〉, 〈노래하는 물대〉, 〈외계인과 친구들〉, 〈대나무에 꽃이 피면〉 등이 있습니다.
그린이 정현주 홍익대학교 서양학과를 졸업했습니다. 그린 책으로 〈꽃 그늘 환한 물〉, 〈오세암〉 등이 있습니다.

줄거리
일본이 우리나라를 빼앗았던 때에 일어난 이야기입니다. 석이는 털이 많고 두 귀도 축 처진 동생 하나가 있습니다. 바로 복슬이라는 삽살개입니다. 석이는 진달래꽃을 따먹고 복슬이는 칡뿌리도 찾아내며 함께 놉니다. 그런데 일본 사람들이 모든 삽살개를 죽이라고 합니다. 석이는 산속의 동굴에 복슬이를 숨겨둡니다.

♥ 2001년 12월 처음 펴냄. 글 고수산나. 그림 정현주. 펴낸곳 대교. 64쪽. 7,800원

플랜더스의 개

글쓴이 위다(1839~1908) 본명은 매리 루이스 드라 라메이고, 영국 베리 세인트 에드먼즈에서 태어났습니다. 어려서부터 글쓰기를 좋아했으며 자존심이 강했습니다. 〈프랜더스의 개〉는 그녀의 대표작입니다.
그린이 한수임 1971 서울에서 태어났고, 홍익대학교 회화과를 졸업했습니다. 〈가을을 만났어요〉 등에 그림을 그렸습니다.
엮은이 안희웅 1941년 강원도 정선에서 태어났습니다. 20여년 간 방송작가로 활동했으며 〈우리나라 옛날 이야기〉 등의 작품이 있습니다.

줄거리
네로와 할아버지는 길가에 버려진 개를 데려다 잘 보살펴 줍니다. 목숨을 건진 개 파트라슈는 할아버지와 네로를 위해 힘든 일도 기꺼이 합니다. 네로에게는 화가가 되고자 하는 꿈이 있습니다. 그러나 네로는 그림대회에서 떨어지고 낙담합니다. 네로는 길에서 주운 지갑을 주인에게 돌려줍니다. 그리고 자신은 그토록 보고 싶던 루벤스의 그림이 있는 곳으로 갑니다.

♥ 2003년 8월 처음 펴냄. 글 위다. 그림 한수임. 안희웅 엮음. 펴낸곳 삼성출판사. 144쪽. 6,000원

슬픈 복슬이의 죽음
- 〈삽살개 이야기〉를 읽고

구남초등학교 3학년 5반 김광현

복슬이는 삽살개입니다. 삽살개는 털이 많아 두 귀도 보이지 않을 정도입니다. 우석이는 삽살개를 동생으로 생각합니다. 엄마가 형과 아빠를 도와 일 좀 하래도 산으로 들로 복슬이와 놀러만 다닙니다. 우석이에게는 형이 하나 있습니다. 우석이는 언제나 의젓한 형을 좋아합니다. 형도 우석이와 복슬이를 아주 좋아했습니다.

그런데 형이 일본 군대에 억지로 끌려갑니다. 부모님은 도망이라도 가라고 하지만 형은 그러면 부모님이 고생한다고 일본군에 끌려갑니다. 형은 우석이에게 부모님 잘 모시라고 합니다. 형이 가자 우석이의 가슴에는 구멍이 뻥 뚫리는 것 같았습니다.

일본 사람들이 이번에는 삽살개를 모두 없애라고 합니다. 조선개니까 없애야 한다는 것입니다. 그래서 우석이는 복슬이를 산에 숨겨둡니다. 그런데 산에서 삽살개를 죽이는 총소리를 들은 복슬이도 놀라서 짖고 맙니다. 결국 일본군인에게 들킨 거지요.

총을 든 일본군인들이 와서 복슬이를 죽이려고 합니다. 우석이는 복슬이를 도망가게 하지만 복슬이는 총에 맞습니다. 복슬이를 집에 데려와 열심히 간호했지만 복슬이는 결국 죽고 말았습니다.

해방이 되고, 한 쪽 다리를 잃은 형도 돌아왔습니다. 그러나 복슬이는 없습니다.

저는 이 책을 읽으면서 너무 가슴이 아프고 화가 났습니다. 일본 사람들은 너무 나빴습니다. 남의 나라 빼앗고, 젊은 사람들을 끌고 가 한쪽 다리 잃게 하고, 아무 죄 없는 개까지 죽였습니다. 그런데 우리는 지금 뭐하고 있습니까? 옛날 일이니까 그냥 넘어가자는 것인가요? 억울하게 죽은 복슬이를 생각해서라도, 사라져 버린 삽살개를 우리 모두 힘을 합해 반드시 되살려 놓아야 합니다. 삽살개야, 너희들 지금 어디 있니?

　이제부터 여러분이 다음의 원고지 4매에 독후감을 씁니다. 무엇을 쓰든지 마음 편하게, 침착하게, 천천히 쓰기 바랍니다.
　원고지에 쓰는 요령은 이 책의 30쪽~32쪽과 40쪽~42쪽에 있으니 미리 한번 읽어 보는 것이 좋겠지요.
　글을 쓰기 전에 날짜를 원고지 위에 꼭 쓰기 바랍니다. 나중에 다시 보는 날이 반드시 있을 것입니다.

줄거리와 느낌은 어떻게 쓰나요?
- 거듭 읽고, 거듭 생각하고, 거듭 쓰는 훈련

글에서 줄거리와 느낌이 들어가는 가운데 부분은 물고기로 치면 가장 몸집이 큰 몸통에 해당됩니다. 물고기의 어느 부분도 다 중요하겠지만 몸통이 큰 것은 그만큼 할 일이 많고 필요하기 때문이겠지요. 처음은 멋있게 시작했는데 가운데 큰 부분이 엉성하거나 너무 조급하면 읽는 사람의 마음이 흡족하지를 못합니다. 적당한 빠르기와 분량으로 알맞게 써 나가야 합니다. 그래야 하고 싶은 말을 다하고 읽는 사람에게도 내 뜻을 잘 전할 수 있습니다.

이 부분을 보통 글의 본론이라고 말합니다. 문단 3~5개의 분량으로, 문단마다 다른 내용으로 자기의 하고 싶은 말을 다 하는 것입니다. 다른 부분도 마찬가지지만, 특히 이 부분은 글을 쓰기 전에 미리 무엇을 쓸 것인가를 생각해 두는 것이 좋습니다. 첫 번째는 무엇에 대하여, 두 번째는 무엇에 대하여, 세 번째는 무엇에 대하여, 이렇게 미리 생각해서 옆에 메모해 두었다가 쓰면 훨씬 내용이 짜임새가 있게 됩니다.

그러면 이 부분에서 어떻게 하면 나의 뜻과 느낌을 잘 전달할 수 있을까요?

먼저 생각해야 할 것은 줄거리보다는 느낌 중심으로 써야 한다는 것입니다. 줄거리는 경우에 따라 한 문단 정도로 줄일 수도 있고, 때에 따라서는 여러 쪽으로 길게 쓸 수도 있습니다. 그러나 줄거리는 그 책의 줄거리이지 나의 것은 아닙니다. 나의 글을 쓰고 있다는 것을 잊지 말고, '줄거리는 간략하게, 느낌은 길게' 라는 마음으로 써야 합니다.

줄거리를 먼저 쓰고 뒤에 가서 느낌은 겨우 한두 문장으로 서둘러 끝맺는 어린이를 많이 봅니다. 좋은 글이 될 수 없지요. 처음에는 '줄거리+느낌' 형식보다는 '줄거리+느낌+줄거리+느낌' 형식으로 쓰는 훈련이 필요합니다. 그래야만 줄거리에 치우치지 않고 느낌과 줄거리를 골고루 쓰게 됩니다. 이 훈련이 충분히 된 다음에 '줄거리+느낌' 으로 쓰되, 느낌 중심으로 쓰는 것입니다.

느낌이란 과연 무엇일까요? 대개 느낌 하면 '기쁘다, 슬프다, 즐겁다, 재미있다, 감동적이다.' 같은 형용사를 떠올리게 됩니다. 그러나 '느낌'의 뜻을 크게 보면, 여러 종류로 훨씬 폭넓고 다양합니다. 책을 읽고 새롭게 안 지식, 나의 생활과 견주어 본 생각, 내 생각을 바꾸는 계기가 된 내용, 비판적으로 바라본 시각, 구체적으로 내 생활에 어떻게 옮겨 볼까 하는 계획, 새로운 결심, 이 모든 것이 느낌의 범위에 들어갑니다.

그러면 느낌은 어떻게 찾아내는 것일까요? 책을 읽다가 무엇인가 나의 가슴과 영혼에 다가오고 있음을 느꼈을 때 그것을 놓치지 말고 바로 알아채는 것이 느낌을 찾아내는 방법입니다. 누구나 좋은 책을 읽을 때, 분명히 무엇인가 다른, 이상한 기분이 들 때가 있습니다. 마음에 살짝 살짝 스쳐가는 그 무엇이 있다는 말입니다. 그 때가 바로 느낌이 오는 때인 것입니다. 말은 쉽지만 그것을 찾아내기가 결코 쉬운 일은 아닙니다. 그렇더라도 찾아오는 느낌을 놓치지 않으려면 각자 정신 바짝 차리고 해야 할 일입니다.

느낌을 표현하는 것은 어렵다고만 생각할 일이 아닙니다. 그리고 "나는 느낌 없어요."라고 마음을 닫으려 해서도 안됩니다. 그저 떠오르는 느낌과 생각을 자연스럽게 받아들이고, 자신감 있게 표현하면 됩니다. 그러한 연습을 쌓아 나가면 느낌을 많이, 잘 쓰게 됩니다. 느낌이란 자전거 타고 가다가, 밥 먹으면서, 운동하다가 잠깐 쉴 때에도 문득 떠오르기도 합니다. 그때 생각을 잘 기억했다가 정리하는 것도 좋은 방법입니다.

다음으로, 좋은 글은 솔직함에서 나오고, 감동은 진실에서 온다는 것을 잊지 말아야 합니다. 예쁜 문장, 멋있는 문장을 쓰려는 노력보다 자신을 정직하게 바라보려는 노력이 앞서야 합니다. 다른 사람의 마음을 움직이는 힘은 진실임을 잊지 말아야 합니다.

느낌을 잘 표현하고, 솔직함과 진실로 다른 사람에게 공감과 감동을 주는 글이 잘 쓴 글입니다. 이러한 글을 쓰기 위해서는 거듭 읽고, 거듭 생각하고, 거듭 쓰는 훈련을 많이 해야 합니다. 이 세 가지를 많이 하는 것을 옛부터 최고의 글쓰기 훈련으로 생각했습니다.

10월

예술의 달

    높고 푸른 하늘과 색깔 변한 나무를 바라보면서 두리번거리는 계절, 가을입니다. 풍요롭게 익은 과일과 열매들이 짙은 향기와 달콤한 냄새를 풍기며 코끝을 간지럽힙니다.

    가을의 색깔을 도화지에 그리고 싶고, 콧소리로라도 흥얼거리고 싶은 가을의 멋과 맛을 이대로 그냥 지나쳐 버리기에는 너무 아깝습니다. 가까운 공원, 그림 전시회나 음악회, 고궁, 아니면 먼 산이나 바다를 찾아가는 여행을 떠나 가을의 잔치를 맘껏 즐겨 보기 바랍니다. '가을의 색깔, 가을의 소리' 라는 글감으로 짧은 글이라도 한 편 써보아야 할 것 같습니다.

    이 달에는 예술로 표현된 세계를 깊이 느껴 보고, 예술가들의 생애에 대해서도 함께 더듬어 보기 바랍니다. 우리나라의 전래 예술부터 다른 나라의 예술에 이르기까지 폭넓게 한번 알아보는 것이 이 달의 독서 목표입니다.

10월

내가 살던 고향은

글쓴이 권정생 1937년 일본 도쿄에서 태어나 해방 직후에 귀국했습니다. 작고 보잘것없는 것들에 대한 따뜻한 애정과 굴곡 많은 사람들의 삶을 보듬는 글을 썼습니다. 〈강아지똥〉, 〈사과나무밭 달님〉, 〈하느님의 눈물〉, 〈몽실언니〉, 〈점득이네〉 등의 작품이 있습니다.

그린이 정승각 1961년 충청북도 덕동에서 태어났고, 중앙대학교 서양화과를 졸업했습니다. 그린 책으로 〈강아지똥〉, 〈까막나라에서 온 삽사리〉, 〈장난꾸러기 도깨비〉 등이 있습니다.

내용

> 여러분은 이원수 선생님을 알고 계십니까? 혹시 모르는 사람이 있다고 해도 동요 '고향의 봄'은 잘 알 것입니다. 이원수 선생님은 우리가 즐겨 부르는 동요와 재미있는 동화를 많이 쓰셨습니다. 항상 평화롭고 행복한, 어린이가 주인이 되는 세상을 꿈꾸셨습니다. 이 책은 지은이가 이원수 선생님을 생각하며 이원수 선생님의 일생을 쓴 것입니다.

♥ 1996년 10월 처음 펴냄. 글 권정생. 그림 정승각. 펴낸곳 웅진주니어. 106쪽. 7,000원

큰 소리꾼 박동진 이야기

지은이 송언 1956년에 태어났습니다. 성균관대학교 교육대학원 국어교육과를 졸업했고, 초등학교에서 아이들을 가르치며 글을 쓰고 있습니다. 지은 책으로 〈고구려〉, 〈내일은 맑을 거야〉, 〈바리왕자〉 등이 있습니다.

그린이 김세현 1963년 충청남도 연기에서 태어났습니다. 경희대학교에서 동양화를 전공했고, 수묵화를 중심으로 그림을 그리고 있습니다. 〈만년샤쓰〉를 그렸습니다.

줄거리

> 판소리 명창 박동진 할아버지의 이야기입니다. 일제 강점기에 태어난 박동진은 가문의 피를 이어받아 소리를 잘했습니다. 그 후, 김창진에게 심청가, 정정렬에게 춘향가, 박지홍에게 흥보가, 조학진에게 적벽가, 유성준에게 수궁가를 배워 판소리 다섯 마당을 모두 배웠습니다. 그 과정에서 돈이 없어 거절 당하고, 피를 토하고, 똥물까지 마셨습니다. 그리고 흥보가 다섯 시간, 춘향가 아홉 시간을 완창했습니다.

♥ 1999년 7월 처음 펴냄. 글 송언. 그림 김세현. 펴낸곳 우리교육. 168쪽. 6,000원

네 손가락의 피아니스트

글쓴이 고정욱 성균관대학교 국문학과를 졸업했습니다. 글을 쓰면서 장애인 복지 실현에도 힘쓰고 있습니다. 〈아주 특별한 우리 형〉, 〈안내견 탄실이〉, 〈큰일났다 똥이 마려워〉, 〈B-Boy〉 등을 썼습니다.

그린이 원유미 1968년 서울에서 태어났고, 서울대학교 산업디자인과를 졸업했습니다. 그린 책으로 〈뒷뚜르 이렁지의 하소연〉, 〈휘파람 부는 아이〉, 〈전봇대 아저씨〉 등이 있습니다.

줄거리

희아의 손가락은 양 손을 모두 합쳐도 네 개뿐입니다. 다리도 남들보다 짧습니다. 그러나 꿈만큼은 보통 아이들에게 뒤지지 않습니다. 예술에 대한 순수한 열정과 살아갈 희망을 선사한 피아노. 갈등과 좌절 속에서도 피아니스트에 대한 꿈을 잃지 않는 희아의 이야기입니다.

♥ 2003년 9월 처음 펴냄. 글 고정욱. 그림 원유미. 펴낸곳 대교. 136쪽. 7,800원

모네의 정원에서

지은이 크리스티나 비외르크 스웨덴 스톡홀름에서 태어났습니다. 〈신기한 식물일기〉, 〈꼬마 정원〉, 〈엘리엇의 특별한 요리책〉, 〈아빠와 함께 한 베니스 여행〉 등 많은 어린이 책을 썼습니다.

그린이 레나 안데르손 스웨덴 스톡홀름에서 태어났으며 지은이와는 친구입니다. 둘은 함께 많은 책을 만들었습니다.

옮긴이 김석희 1952년 제주에서 태어났습니다. 옮긴 책으로 〈딜없는 원숭이〉, 〈사랑보다 깊은 세상〉, 〈로마인 이야기 1~12〉 등이 있습니다.

줄거리

"클로드 모네는 바다에 비친 햇빛을 보고, 그 순간 자신이 받은 '인상'을 화폭에 옮겼지. 그때부터 평론가들은 모네를 인상파라고 부르기 시작했는데, 칭찬하는 뜻으로 그 말을 쓴 게 아니었어." 한 소녀가 할아버지와 함께 모네를 찾아 나섰습니다. 할아버지는 손녀에게 모네에 대해 알려주었습니다. 소녀는 모네가 그린 수련도 보고 보트도 보았습니다. 그것은 에펠탑보다도 훨씬 중요한 것들이었습니다.

♥ 1994년 12월 처음 펴냄. 글 크리스티나 비외르크. 그림 레나 안데르손. 김석희 옮김. 펴낸곳 미래사. 56쪽. 8,000원

판소리 사랑
- 〈큰 소리꾼 박동진 이야기〉를 읽고

최종수

저는 이 책을 읽기 전까지는 판소리가 무엇인지 몰랐습니다. 라디오나 컴퓨터 같은 것에서 나는 소리인데, 단지 판에서 나는 소리인 줄 알았습니다. 판은 전에 본 적이 있는 시커먼 레코드판이나 아니면 CD 같은 것도 판이라고 하는 줄 알았습니다.

그런데 알고 보니까 판소리가 우리 음악인, 그 소리도 지르고 웃기기도 하는 옛날 노래인 판소리였던 것입니다. 창피하기도 하고 답답하기도 했습니다.

그래서 음악 좀 듣는다는 사촌형한테 가서 판소리에 대해 공부를 했습니다. 그 형이 말하기를 '판소리는 이 세상에서 가장 위대한 성악이다. 어느 나라에도 이런 위대한 소리는 없으며, 그 어떤 성악가도 판소리는 흉내조차 내지 못한다.' 고 아주 열이 나서 얘기를 해주었습니다. 그리고 판소리를 몇 곡 들려주었습니다.

저는 그 형 말을 그대로 믿기로 했습니다. 그리고 판소리에 대해 관심을 가져 보기로 했습니다. 사촌형은 아주 나를 잡기로 했는지 아무 때고 전화를 해서 와라 가라 하면서 판소리 가르치느라고 정신이 없었습니다.

자꾸 듣다 보니까 그 판소리라는 것이 정말 보통 소리가 아니라는 것을 조금씩 알기 시작했습니다. 서양의 성악이라는 것은 짜여진 틀에 맞추어서 아름답게 소리를 내는 것이 기본이라면, 이 판소리는 솔직하게 마구 내지른다는 것이 달랐습니다. 박동진 선생님이 똥물까지 먹고 했다는 것이 실감이 났습니다. 성악과 판소리의 차이는 사촌형 말대로, 버터 먹고 곱게 소리 내려고 애쓰는 것과 똥물 먹고 한을 토해내는 것의 차이라는 말이 조금은 이해가 되었습니다.

어느 날, 저녁 먹다가 아빠 엄마에게 '나도 판소리 배우러 전주(전라북도 전주에서 판소리를 많이 배운다고 함)로 유학이나 갈까?' 라고 농담 비슷하게 했더니 두 분이 합창으로 '아서라, 그런 쓸잘 데 없는 생각할 시간 있으면 수학 문제 하나 더 풀어라.' 고 하셨습니다. '아, 이 예술에 대한 무감각함이여.' 저의 판소리 사랑은 짝사랑으로 끝날 수밖에 없을 것입니다.

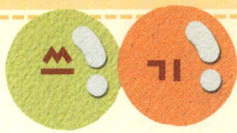

   이제부터 여러분이 다음의 원고지 4매에 독후감을 씁니다. 무엇을 쓰든지 마음 편하게, 침착하게, 천천히 쓰기 바랍니다.

   원고지에 쓰는 요령은 이 책의 30쪽~32쪽과 40쪽~42쪽에 있으니 미리 한번 읽어 보는 것이 좋겠지요.

   글을 쓰기 전에 날짜를 원고지 위에 꼭 쓰기 바랍니다. 나중에 다시 보는 날이 반드시 있을 것입니다.

글의 끝맺음은 어떻게 하나요?
- 산뜻하게, 자연스럽게, 인상적으로 -

글의 끝맺음은 물고기로 치면 꼬리 부분에 해당됩니다. 꼬리는 몸통에 비해 짧고 작지만 큐피트의 화살처럼 하트 모양을 하고 있어 멋있지요. 글의 끝맺음도 이렇게 멋있고 사랑스럽게 하는 것이 좋습니다. '그렇지, 그래. 아, 그렇구나.'라는 공감이 남는 것이 좋은 끝맺음입니다.

글의 끝맺음에는 더 이상 이어질 것 같지 않고, 아무런 할 말이 없는 산뜻함이 있어야 합니다. 산뜻함이란 머리가 맑아지고 허공에 뜬 흰 구름 같은 가벼움만 느껴지는 것입니다. 입가에 미소가 감돌고 밝은 미래가 기대되는 것이 산뜻함입니다.

끝맺음에는 자신감이 있어야 합니다. 한 권의 책을 읽고 자신을 돌아보아 스스로를 믿고 확신을 가진다면 그것이 자신감입니다. 자기가 자기를 믿고 존중해 주지 않는다면 누가 나를 믿고 존중해주겠습니까? 자신감을 가지면 미래를 위한 결심도 서겠지요. 자신감을 가지고 힘찬 미래를 다짐하는 예를 하나 들어 보겠습니다.

"저는 지금부터 부지런하고 규칙적인 생활을 하겠습니다. 자기 전에 모든 것을 다 해 놓겠습니다. 학교에서 돌아와서는 운동을 하고, 씻고, 저녁을 먹고, 휴식을 취하겠습니다. 그 다음, 숙제를 먼저 하고, 공부를 예정대로 하겠습니다. 10시에 자겠습니다. 다음 날 아침 일찍 일어나 힘찬 하루를 시작하겠습니다. 꼭 그렇게 하겠습니다. 그래서 몸과 마음이 건강한 어린이가 되겠습니다. 나는 그렇게 할 수 있습니다."

끝맺음은 자연스러워야 합니다. 음악의 마지막 절정, 오던 비가 멈출 때, 밥물이 잦아드는 장면들은 모두 무엇인가 비슷하지 않나요? 바로 자연스럽다는 것입니다. 해가 지면 어둠이 오고, 어둠이 걷히면서 새벽이 오듯 말입니다. 글의 끝 부분도 이와 같아야 합니다. 느낌과 분위기로 여기가 끝이라는 것을 알 수 있어야 합니다. 예를 들어 보겠습니다.

"주위가 모두 조용해 졌습니다. 눈도 그쳤습니다. 그들은 그렇게 떠났지만 내 마음에서 떠난 것은 아니었습니다. 나는 그들이 다시 돌아오리라고 믿습니다."

글의 끝맺음은 지금까지 말한 모든 것을 한 마디로 요약할 수 있는 인상적인 말로 끝맺을 수도 있습니다. 두세 개의 짧은 문장으로 결론을 말하면, 그 말이 짧고 강렬하기 때문에 읽는 사람에게는 깊은 인상을 남길 수 있습니다. 예를 들어보겠습니다.

"둘리틀 선생님의 동물을 사랑하는 마음이 그들의 언어를 듣게 했습니다. 사랑하는 마음은 이쪽과 저쪽을 연결하는 길과도 같습니다. 피가 통하는 붉은 길 말입니다."

11월

위인의 달

　가을이 깊이 가라앉아, 더 붙잡고 싶고 아쉽습니다. 울긋불긋하던 단풍은 조금씩 색깔을 잃어가고 있고, 하얀 눈은 아직 한참 더 기다려야 합니다. 어떤 빛으로도 드러낼 수 없는 애매한 달로 느껴지는 것이 11월이 아닐까요?

　자연의 빛이 애매할 때 우리의 시선을 인간으로 돌려보면 어떨까요. 학문, 교육, 봉사, 실천 등 여러 방면에서 훌륭한 업적을 남긴 위인들의 생애를 보면서, 그들이 가르쳐준 길을 따라가 보는 것은 어떨까요? 훌륭한 그 분들을 만나 보세요. 많은 이야기를 해줄 것입니다. 그리고 힘들 때, 앞뒤가 막혔을 때 그 분들에게 물어 보세요. 다정한 위로와 함께 길을 밝혀 줄 것입니다.

　그 분들이 우리에게 남긴 훌륭한 유산을 활용하지 않는다면 그것은 그림의 떡이나 다름없습니다. 그 유산들은 모두 책 속에 들어 있습니다. 결국, 책을 읽지 않는다면 우리에게 '위대한 유산'이 남겨졌다는 사실조차 모르는 것이 되고 맙니다. 위인들의 생애에서 지혜와 교훈을 찾아보기 바랍니다. 여러분의 미래에 확실한 도움이 될 것입니다.

　이 달은 위인전과 전기를 읽는 달입니다. 한 권, 한 권 차분하게 읽으면서 나의 미래를 생각해 보기 바랍니다.

11월

광개토태왕

글쓴이 정종목 1993년부터 어린이들을 위한 인물 이야기와 동화를 쓰기 시작했으며, 특히 인물 이야기에 애정을 가지고 있습니다. 〈음악의 바다 바흐〉, 〈꽃씨 할아버지 우장춘〉, 〈선비 김창숙〉 등을 펴냈습니다.

그린이 홍성찬 1955년부터 출판 미술을 시작했습니다. 〈아리 공주와 꼬꼬 왕자〉, 〈집짓기〉, 〈재미네골〉, 〈난중일기〉 등을 그렸습니다.

글쓴이의 말 중에서

"마음이 자꾸 움츠러들고 답답할 때마다 나는 추모대왕과 광개토태왕을 생각해. 그러면 어느새 답답한 가슴이 뻥 뚫리고 눈앞에 저 드넓은 요동 벌판이 펼쳐지는 거야. 갑갑하고 옹졸한 마음이 싹 가시며 생각도 대범해지지. 용기와 희망, 개척정신, 사람들에 대한 사랑이 꿈틀거린단다."

♥ 2002년 8월 처음 펴냄. 글 정종목. 그림 홍성찬. 펴낸곳 랜덤하우스코리아. 156쪽. 7,000원

안중근

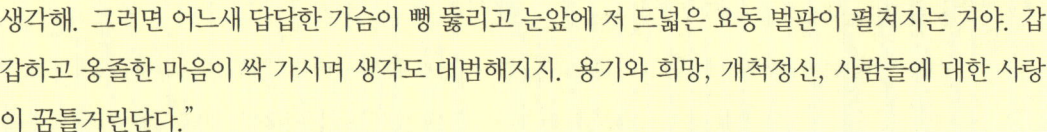

글쓴이 박용기 1963년부터 경상북도 영덕에서 태어났습니다. 연세대학교 천문기상학과를 졸업했습니다. 〈솔이의 숲〉 등 어린이들에게 들려줄 재미있는 이야기들을 썼습니다.

그린이 이상권 강원도 춘천에서 태어났습니다. 홍익대학교 회화과를 졸업했습니다. 〈열 살이면 세상을 알 만한 나이〉, 〈삼국지〉, 〈아우를 위하여〉 등의 책에 그림을 그렸습니다.

본문 중에서

"탕! 탕! 탕! 이토가 휘청거리며 몇 걸음을 옮기더니 앞으로 푹 꼬꾸라졌습니다. 청년은 둘레에 있던 모든 사람들이 들을 정도로 큰 소리로 외쳤습니다. '꼬레아 우라! 꼬레아 우라! 꼬레아 우라!' '꼬레아 우라'는 러시아 말로 '한국 만세'란 뜻입니다. 청년은 그렇게 세 번 목이 터져라 외치고 순순히 러시아 군인들에게 붙잡혔습니다. 청년은 바로 대한국인 안중근이었습니다."

♥ 2002년 8월 처음 펴냄. 글 박용기. 그림 이상권. 펴낸곳 랜덤하우스코리아. 140쪽. 7,000원

슈바이처

글쓴이 정지아 1965년 전라남도 구례에서 태어났습니다. 중앙대학교 문예창작과를 졸업했습니다. 어린이를 위한 책 〈갈릴레이〉, 〈콜럼버스〉 등을 썼습니다.

그린이 임연기 1962년 전라북도 김제에서 태어났습니다. 홍익대학교에서 서양화를 전공했습니다. 〈쇠를 먹는 불가사리〉에 그림을 그렸습니다.

내용

> 슈바이처가 살았던 시절에, 흑인은 백인과 똑같은 인간으로 대접받지 못했습니다. 백인들은 흑인들이 사는 아프리카를 짓밟고, 흑인들을 잡아다 노예로 팔았지요. 그러한 흑인들을 위해 자신의 모든 것을 버리고 아프리카로 간 슈바이처는 죽을 때까지 그들과 함께 했습니다. 슈바이처에게 흑인은 우리와 똑같은 고귀한 생명이었으니까요.

♥ 2003년 12월 처음 펴냄. 글 정지아. 그림 임연기. 펴낸곳 랜덤하우스코리아. 132쪽. 7,000원

마더 테레사

글쓴이 부수영 이화여자대학교 영문학과를 졸업했습니다. 오랫동안 어른들 책을 만들다가 지금은 어린이와 청소년 책을 만드는데 힘쓰고 있습니다. 〈영화 만들기〉, 〈골목길 아이들〉, 〈저 너머 초원에는〉 등을 우리말로 옮겼습니다.

그린이 이혜주 홍익대학교 조소과를 졸업했습니다. 〈밤에 온 눈사람〉, 〈참새네 말 참새네 글〉, 〈날아라 새들아〉 등에 그림을 그렸습니다.

내용

> 구부정한 어깨, 쭈글쭈글한 주름 가득한 얼굴, 환한 미소. '마더 테레사' 하면 늘 인자한 할머니의 모습이 떠오릅니다. 그 옆에는 늘 퀭한 눈의 마른 병자들이 있습니다. 평생을 가난한 이들과 병든 이들을 위해 살다 긴 마더 테레사는 뺑을 나누는 것이 가장 기쁘고 즐거운, 귀여운 소녀였습니다. 그 소녀가 뿌린 조그만 사랑의 씨앗이 지금도 자라나고 있습니다. 시대를 넘어, 나라와 종교와 인종을 넘어서. 테레사 수녀님이 마지막으로 남긴 말은 '나는 주님의 한 자루 몽당연필' 이었습니다.

♥ 2003년 4월 처음 펴냄. 글 부수영. 그림 이혜주. 펴낸곳 랜덤하우스코리아. 144쪽. 7,000원

위대한 사람이란 어떤 사람인가요
- 〈마더 테레사〉를 읽고

최종수

　위대한 사람들은 대개 못생겼나 봅니다. 하느님은 공평해서 정신을 위대하게 해 주시면 외모는 별로 예쁘게 만들어 주지 않으시는 것 같습니다. 수녀님의 나이든 모습만 보아서 그런지, 테레사 수녀님도 좀 못생긴 편에 속하지 않나 하는 생각이 듭니다. 그래서 사람은 외모로 따질 게 아니라 정신과 마음을 보아야 하나 봅니다. 어찌 되었든, 이 책을 보니까 테레사 수녀님은 정말 위대한 분이었습니다.

　위대한 사람이란 어떤 사람일까요? 한 마디로 말해, 남을 위해 자신의 모든 것을 바치는 사람입니다. 어디에 있든, 무슨 일을 하든, 자기는 없고 다른 사람, 특히 불쌍하고 어려운 사람을 위해 애쓰는 사람이 위대한 사람입니다.

　지금까지로 봐서는, 저는 위대하기는 벌써부터 틀렸고, 제 주변에도 위대한 사람은 없는 것 같습니다. 위대한 사람은 그렇게 흔히 나타나는 것도 아닌 것 같습니다. 그러나 우리는 이 점은 확실히 하고 가야 할 것입니다. 위대한 사람은 못되어도, 그런 분들에게서 배우고 그림자라도 따라가도록 노력은 해야 한다고. 또 열심히 하면 혹시 위대한 사람이 될지도 모른다고.

　이 책을 읽고 나서 저도 위대한 사람이 되기로 했습니다. 그래서 며칠 전에는 지하철에서 애기 안고 타는 어떤 아줌마에게 자리를 양보했고, 어제는 길에서 한 손으로는 유모차 끌고 또 한 손으로는 짐가방을 끌고 가는 외국인에게 다가가 짐가방 끄는 것을 도와주었습니다.

　내일은 우리 동네 저쪽 버스 정류장 앞에 널려진 쓰레기를 주울 것입니다. 위대한 사람이 되려면 이렇게 작은 일이라도 착한 일을 해야 하는 것입니다. 한 가지 더, 내가 위대한 사람이 될 수 있는 이유는 내 친구들이 나를 못생겼다고 본다는 사실입니다.

  이제부터 여러분이 다음의 원고지 4매에 독후감을 씁니다. 무엇을 쓰든지 마음 편하게, 침착하게, 천천히 쓰기 바랍니다.

  원고지에 쓰는 요령은 이 책의 30쪽~32쪽과 40쪽~42쪽에 있으니 미리 한번 읽어 보는 것이 좋겠지요.

  글을 쓰기 전에 날짜를 원고지 위에 꼭 쓰기 바랍니다. 나중에 다시 보는 날이 반드시 있을 것입니다.

글은 무엇으로 완성되나요?

- 글은 글다듬기(퇴고)로 완성됩니다 -

단숨에 써 내려갔는데 좋은 글이 되었다고 하는 것은 뽐내기 위해서 그냥 하는 말입니다. 고치고 또 고치며 좀더 나은 글을 얻기 위해 노력하는 것이 진정한 글쓰기의 자세입니다. 이것은 마치 좋은 작품을 위해 열심히 빚은 도자기를 과감히 깨뜨리는 장인의 정신과 같습니다.

글을 다듬는다는 뜻의 유래인 퇴고(推敲)라는 글자를 보면 잘 알 수 있습니다.

당나라의 유명한 시인 가도는 어느 날 나귀를 타고 길을 가다가 시상이 떠올랐습니다.

　　조숙지변수　승퇴월하문(鳥宿池邊樹　僧推月下門)
　　새는 연못가 나무에 잠드는데 스님은 달빛 아래 문을 민다.

가도는 너무 골똘히 생각한 나머지 당시 시장인 한유의 행차를 가로막는 큰 잘못을 저지르고 말았습니다. 스님이 달빛 아래 문을 민다(推)고 해야 좋을지, 문을 두들긴다(敲)고 해야 어울릴지 시의 글자 하나를 놓고 몹시 고민하다가 그렇게 되었다고 합니다. 가도는 한유의 도움을 받아 敲(두드릴 고)자로 결정했습니다. 이 말에서 유래한 퇴고(글다듬기)는 한 글자를 두고도 시 전체의 분위기에 어울리는지 생각을 거듭하는 자세가 글쓰기에서 얼마나 중요한가를 알려 주는 말입니다.

어떻게 글다듬기를 해야 할까요?

우선 글 전체를 놓고 볼 때, 제목은 적당한가, 나의 중심 생각을 분명하게 드러냈는가, 문단은 제대로 나누었는가 등을 살펴보아야 합니다. 한 가지 주제로, 한 가지 흐름으로 글 전체의 통일성을 깨지 않고 썼는지 살펴야 합니다.

다음으로는 문장이 분명하며 문법적으로 맞게 되었는지 살펴야 합니다. '만약 ~ 라면, 왜냐하면 ~ 때문이다.' 와 같이 한 문장에서 어울리는 말끼리 잘 짝지워졌는지, 중심 생각을 담은 문장과 뒷받침 문장들의 연결이 논리적이고 자연스러운지 보아야 합니다.

　마지막으로 단어는 시제(과거, 현재, 미래)에 맞게, 통일된 말투로, 맞춤법에 맞게, 적절한 표현의 단어를 썼는지 다시 보아야 합니다.

　시제와 어투에 대한 예를 하나 들어 보겠습니다.

　　나는 호수공원에 친구 수민이와 놀러간다.
　　"엄마, 저 옷이 입을 게 없어요. 옷 좀 사 주세요."
　　어머니는 화난 목소리로 말씀하셨습니다.
　　"지난 번에도 샀잖아? 맨날 옷 타령만 하고. 공부를 그렇게 열심히 해 봐."
　　저는 속상했지만 할 말이 없었다.

　뭔가 뒤죽박죽이 된 느낌이지요? 알맞은 시제를 쓰지 못했고, 높임말 반말에 통일성이 없기 때문입니다. 나는-저는, 간다-말씀하셨습니다-없었다, 엄마-어머니 등이 뒤섞여 있는 것입니다. 높임말이면 높임말, 반말이면 반말로 통일해야 하고, 시제도 현재면 현재, 과거면 과거로 알맞게 바꾸어야 하는 것입니다.

　이렇게 한 편의 독후감은 글다듬기를 거쳐서 완성됩니다. 한 편의 글을 완성한다는 것은 결코 쉬운 일이 아닙니다. 그러나 침착하게 깊이 생각하면서, 보고 또 보고, 고치고 또 고치면 누구나 훌륭한 글을 완성할 수 있습니다.

12월

민속의 달

　빨리 어둠이 내립니다. 옛날 같으면 화롯불에 앉아 밤을 구워 먹으며, 할머니의 구수한 이야기로 긴긴 밤을 밝혔을 것입니다. 간간히 들리는 소복소복 눈 쌓이는 소리, 강아지 짖어대는 소리에 겨울밤은 깊어만 갔겠지요.

　겨울이 되면 우리는 할머니의 할머니, 할아버지의 할아버지……, 대대로 이어오는 '근원적인 것'을 생각하고, 인간의 역사가 오래 되었음을 돌이켜 보는 시간을 갖게 됩니다. 우리는 어쩌면 이야기와 역사를 들으면서 자라고, 대를 이어가는 것이 아닐까 싶습니다. 이런 이야기가 담긴 책들을 읽어 보면서 이 겨울을 맞이합시다.

　보통 사람들 사이에서 자연스레 전해 내려오는 풍속을 민속이라 합니다. 우리 민속에는 참으로 구수하고 멋진 것들이 많습니다. 이야기가 그렇고, 음악, 춤, 음식도 그렇습니다. 한 해를 마무리하면서 우리 민속을 돌아보는 것도 흐뭇한 일일 것 같습니다. 그리고 세계의 어느 나라에도 민속은 있습니다. 우리 민속과 더불어 다른 나라의 민속을 살펴보는 것도 좋겠지요.

　한편, 한 해도 저무는 이때에 '남겨야 할 것과 버려야 할 것'도 정리해 보는 것이 좋을 것입니다. 좋은 것은 남기고 나쁜 것은 버려, 새해에는 몸과 마음이 보다 새롭고 건강하게 자라야 하기 때문입니다.

12월

돌이 어쩌구 개구리 저쩌구

글쓴이 박상률 전라남도 진도에서 태어났습니다. 전남대학교를 졸업했고, 지금은 대학에서 문예창작을 가르치고 있습니다. 쓴 동화로는 〈바람으로 남은 엄마〉, 〈미리 쓰는 방학일기〉, 〈구멍 속 나라〉 등이 있습니다.

그린이 송진희 서울에서 태어났고, 대학에서 시각디자인을 공부했습니다. 그린 책으로 〈북두칠성과 가짜 풍수〉, 〈교양 아줌마〉 등이 있습니다.

내용

이 책에 들어 있는 다섯 편의 이야기는 할머니나 할아버지가 들려주던 이야기입니다. 주로 힘이 약한 사람들이 힘이 더 센 사람들을 슬기롭게 이기는 이야기입니다. 아이들은 이런 이야기를 들으면서 세상을 어떻게 살아가야 하는지를 자연스럽게 깨닫게 됩니다. 어떤 문제가 생겼을 때 힘으로 마구 밀어붙이는 게 아니라 꾀를 내서 상대방을 꼼짝 못하게 하기 때문입니다.

♥ 2003년 2월 처음 펴냄. 글 박상률. 그림 송진희. 펴낸곳 한겨레. 124쪽. 7,500원

아이쿠나 호랑이

글쓴이 윤태규 1950년 경상북도 영풍에서 태어났습니다. 안동교육대학을 졸업하고 줄곧 초등학교에서 어린이들을 가르치고 있습니다. 〈신나는 교실〉 등을 썼습니다.

그린이 박향미 1967년 전라남도 광주에서 태어났고, 이화여자대학교 서양화과를 졸업했습니다. 〈우리 교육〉, 〈고독한 가수와 꼬마배우〉 등에 그림을 그렸습니다.

내용

이 책에는 열아홉 편의 짧은 이야기가 있습니다. 이 글들은 지은이가 시골 초등학교 어린이들과 살아가면서 그들의 이야기를 살펴서 쓴 것들이 대부분입니다. 시골 생활을 잘 모르는 어린이들이 이 책을 읽고 농촌과 산촌의 생활을 이해하여 그들과 함께 살아가려는 마음을 갖게 되고, 또 시골 어린이들은 꿋꿋한 용기와 자랑을 가질 수 있다면 좋겠습니다.

♥ 1992년 2월 처음 펴냄. 글 윤태규. 그림 박향미. 펴낸곳 산하. 226쪽. 6,000원

신토불이 우리 음식

글쓴이 우리누리 여러 동화 작가들의 모임으로 어린이의 눈빛으로 꿈이 담긴 책을 만들고 있습니다. 작품집으로 〈어린이 시사마당〉, 〈거꾸로 보는 이솝 우화〉, 〈세계 음악 여행〉 등이 있습니다. 이 책의 대표 집필자는 최향숙입니다.

그린이 김소영 동덕여대 시각디자인과를 졸업했고, 정감 넘치는 그림을 그리고 있습니다. 〈깡충깡충 빙그르르〉, 〈종이 비행기〉, 〈아기쥐의 꼬리〉 등을 그렸습니다.

내용

이 책에는 우리나라의 음식에 관한 이야기 열 편이 실려 있습니다. 김영감 집 두 며느리의 김치 이야기, 원나라에는 없던 별미 불고기 이야기, 남문 밖에서 얻은 음식 빈대떡 이야기, 탕탕 평평하여라 궁중 음식 이야기, 아홉 식구가 배불리 먹는 방법 국 이야기, 나 혼자만 살 수 없다 밥 이야기 등입니다. 우리 음식에 얽힌 흥미로운 이야기들이 모두 모여 있습니다.

♥ 1998년 6월 처음 펴냄. 글 우리누리. 그림 김소영. 펴낸곳 랜덤하우스코리아. 132쪽. 6,000원

꼬마 정원

지은이 크리스티나 비외르크 스웨덴 스톡홀름에서 태어났습니다. 〈신기한 식물일기〉, 〈엘리엇의 특별한 요리책〉, 〈아빠와 함께 한 베니스 여행〉 등 많은 어린이 책을 썼습니다.

그린이 레나 안데르손 스웨덴 스톡홀름에서 태어났으며 지은이와는 친구입니다. 둘은 함께 많은 책을 만들었습니다.

옮긴이 김석희 1952년 제주에서 태어났습니다. 옮긴 책으로 〈털없는 원숭이〉, 〈사랑보다 깊은 세상〉, 〈로마인 이야기 1~12〉 등이 있습니다.

본문 중에서

"이제 나는 나의 일 년 열두 달을 차례로 이야기하려고 합니다. 어느 달에 무엇을 했고 무엇을 관찰했는지에 관해서 말씀드릴게요. (도시에 사는 새도 매달 한 마리씩 등장할 거예요). 계절은 어디서나 똑같진 않아요. 예를 들면, 남쪽으로 내려갈수록 봄이 빨리 오죠. 하지만 이건 '내' 가 지금 살고 있는 곳에 대한 이야기예요."

♥ 1994년 12월 처음 펴냄. 글 크리스티나 비외르크. 그림 레나 안데르손 . 김석희 옮김. 펴낸곳 미래사. 64쪽. 6,500원

꼬마 정원을 만든 리네아

-〈꼬마 정원〉을 읽고

황룡초등학교 3학년 4반 천희원

이 책의 주인공은 리네아입니다. 리네아는 1년의 계절마다 새와 식물 또는 동물, 꽃 등 여러 가지를 관찰했습니다. 그래서 리네아는 식물이나 새, 동물, 꽃을 좋아하게 되어 식물박사가 되는 이야기입니다.

리네아는 1월부터 12월까지 관찰을 하였습니다. 그 중 5월에 리네아는 창고에서 블룸 할아버지와 표본집을 찾아내 표본을 만들었습니다. 리네아는 물망초 표본을 만들었습니다. 그리고 이 물망초의 학명이 '미오소티스 팔루스트리스' 인 것도 알아냈습니다. 그리고 쐐기풀로 찌개도 만들었습니다.

7월에 리네아는 도시를 떠나 바다로 갔습니다. 리네아는 바닷가에 버려진 물건들을 주웠습니다. 낚시찌, 가로대, 색연필, 깃털, 돌, 조개껍질 등 여러 가지를 주웠습니다. 그 중에서 리네아가 가장 눈여겨 보는 것이 있었습니다. 그건 바로 병이었습니다. 하지만 그건 그냥 병이 아니고 쪽지가 들어있는 병이었습니다. 병에 들어있던 쪽지는 베라와 윈드플라워가 보낸 쪽지였습니다.

8월에 리네아는 딱총나무 꽃으로 음료수를 만들어 콩과 함께 먹었습니다. 음료를 만드는 방법은 쉬웠습니다. 독이 없는 딱총나무, 레몬 1개 빈, 물 1리터, 설탕 1킬로그램만 필요했습니다. 그리고 8월의 달밤에 먹는 음료와 깍지완두는 별미였습니다.

이처럼 리네아는 완전히 식물박사가 된 기분이었습니다. 나도 리네아처럼 식물이든 동물이든 뭐든지 다 사랑하고 좋아할 것입니다.

　이제부터 여러분이 다음의 원고지 4매에 독후감을 씁니다. 무엇을 쓰든지 마음 편하게, 침착하게, 천천히 쓰기 바랍니다.

　원고지에 쓰는 요령은 이 책의 30쪽~32쪽과 40쪽~42쪽에 있으니 미리 한번 읽어 보는 것이 좋겠지요.

　글을 쓰기 전에 날짜를 원고지 위에 꼭 쓰기 바랍니다. 나중에 다시 보는 날이 반드시 있을 것입니다.

글을 다듬을 때 지우고 다시 써야 하나요?

- 고쳐 쓰기 기호를 쓰면 노력을 덜 수 있습니다

원고지나 공책에 글을 다 쓰고 나면 글쓰기가 끝난 것으로 생각되지만, 결코 그런 것이 아닙니다. 다시 읽어보고 다듬을 때에는 고치고 또 고쳐야 할 부분이 생기기 때문입니다. 이때 지우개로 지우지 않고 약속된 기호로 글을 고칠 수 있습니다.

기호	설명	예
⌒	글자 사이를 붙일 때	소 나무 사랑
∨	글자 사이를 뗄 때	험난한길
∨	단어, 구절, 문장을 끼울 때	집으로 가는 사람 (키 큰)
⌐⌐	단어, 구절, 문장을 고쳐 쓸 때	휘파람 부는 대나무 (갈대)
⊘	단어, 구절, 문장을 없앨 때	집 나간 가출 소녀
=	단어, 구절, 문장을 없앨 때	집 나간 가출 소녀
∽	앞뒤 단어, 구절을 바꿀 때	사랑하는 내 노래
⌐	앞으로 당길 때	집에 가는 길

┌ 뒤로 밀 때   집에 가는 길

∧ 문장부호를 끼울 때   놀아야 한다 누구나
                                        ∧

┌┘ 줄을 바꿀 때   ~ 좋았다. 위에서 본 ~

↗ 줄을 연결할 때   ~ 너무 기뻤다.
                                특히 승욱이는
> < 줄과 줄을 뗄 때   우리의 사랑
                                나 노래하리

1월

주제가 있는 달

새해 해돋이 장면을 보셨나요? 새해에 비는 간절한 소원과 굳은 결심으로 선잠을 깨우며 산으로 바다로 가족과 함께 간 친구들도 있을 것입니다. 새 해, 새 달, 새 주, 새 아침, 우리는 새로운 시간을 맞이하며 여러 의식을 치르고 행사도 합니다. 모두 더욱 좋아지고 더 성장하기를 기원하는 것이겠지요. 그리고 올해 일 년의 목표를 정해 보기도 합니다. '올해 나는 이것은 꼭 할 거야.' 또는 '올해는 이렇게 살 거야.'

1월은 한 해의 시작이면서, 긴 겨울 방학으로 점차 생활의 흐름이 편안해지는 시기입니다. 때문에 독서의 깊이를 더할 수 있는 기회입니다. 방법은 여러 가지가 있습니다. 그 중 하나는 주제를 정해서 책을 읽는 것입니다. 주제로는 자신의 관심 분야와 흥미를 살려서 역사, 예술, 자연, 과학 등 어느 것이라도 좋습니다. 그리고 수준을 조금 높일 필요도 있습니다. 자기 학년에 비해 조금 어렵거나 너무 길다고 생각되는 책을 읽으면 독서 능력을 더욱 높일 수 있기 때문입니다. 그리고 겨울 방학에는 '독서일기'를 쓰면서 독서량을 늘리는 것도 좋은 방법입니다.

이 달에 읽을 책들의 주제는 '앞서 가는 사람들'로 해 보았습니다. 누가 뭐라든, 어떤 어려움이 있든, 자기가 옳다고 생각하고 자기가 해야 한다고 생각하는 일은 반드시 하는 사람들입니다. 이렇게 앞서 가는 사람들이 있기에 우리들의 삶이 올바르고 빛나는 것은 아닐까요.

1월

고구려 사람들은 왜 벽화를 그렸나요?

지은이 전호태 서울대학교 국사학과를 졸업하였습니다. 한국고대사를 전공했고, 특히 고구려 고분 벽화의 분석을 통해 고대 문화사를 복원하는 데 몰두하고 있습니다. 지금은 울산대학교 교수로 있습니다.

내용

고구려 사람들은 어떻게 생겼나요? 누가 고구려의 왕이 되었나요? 고구려의 서울은 두 개였나요? 온달은 정말 바보였나요? 고구려에 대한 이러한 궁금증 33가지에 대한 해답이 이 책에 있습니다. 고구려의 나라를 세울 때의 모습부터 고구려 사람들이 살아가는 모습 등을 그림과 사진으로 자세하게 설명하고 있습니다.

♥ 1998년 5월 처음 펴냄. 글 전호태. 펴낸곳 다섯수레. 32쪽. 6,500원

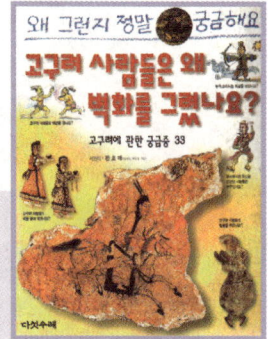

세계가 놀란 발명 이야기

글쓴이 우리누리 여러 동화 작가들의 모임입니다. 어린이의 눈빛으로 꿈이 담긴 책을 만들고 있습니다. 작품집으로 〈어린이 시사마당〉, 〈거꾸로 보는 이솝 우화〉, 〈세계 음악 여행〉 등이 있습니다. 이 책의 대표 집필사는 송소영입니다.

그린이 서은영 서울에서 태어났고, 동덕여자대학교 서양학과를 졸업했습니다. 〈세계는 내 친구〉, 〈큰 소나무〉, 〈돌아온 달님〉 등의 책에 그림을 그렸습니다.

내용

우리 조상 중에서 뛰어난 발명의 업적을 남긴 열 편의 이야기를 실었습니다. '첨성대, 금속활자, 고려청자, 화약, 자격루, 측우기, 한글, 거북선, 대동여지도, 씨없는 수박'이 그것들입니다. 세계를 깜짝 놀라게 한 발명 이야기를 읽으면서 조상들의 슬기와 지혜를 이어가기 바랍니다.

♥ 1995년 7월 처음 펴냄. 글 우리누리. 그림 서은영. 펴낸곳 랜덤하우스코리아. 128쪽. 6,000원

최은희

글쓴이 박정희 전라북도 정읍에서 태어났습니다. 서울대학교 소비자 아동학과를 졸업하고 오랫동안 어린이 책을 만들었습니다. 〈거미의 거미줄은 고기잡이 그물〉, 〈호박이랑 박치기를 했어요〉 등을 썼습니다.

그린이 정수영 부산에서 태어났습니다. 서울여자대학교를 졸업하고 동화책에 그림을 그리고 있습니다. 〈불꽃과 친구가 되었어요〉, 〈눈나라에서 온 왕자〉 등을 그렸습니다.

글쓴이의 말 중에서

"요즘은 여성 기자들이 제법 많지만, 최은희 기자가 기자로 나섰을 때에는 지금과는 너무 다른 세상이었어요. 최은희 기자는 여성들의 삶과 지위를 높인 여성으로, 검소한 생활을 실천한 훌륭한 여성으로, 역사를 기록하는 기자로 평생을 살았습니다. 그럼 이제 최은희 기자의 삶을 따라 여행을 떠나 볼까요?"

♥ 2002년 7월 처음 펴냄. 글 박정희. 그림 정수영. 펴낸곳 아이세움. 156쪽. 7,500원

아멜리아 에어하트

글쓴이 박정희 전라북도 정읍에서 태어났습니다. 서울대학교 소비자 아동학과를 졸업하고 오랫동안 어린이 책을 만들었습니다. 〈거미의 거미줄은 고기잡이 그물〉, 〈호박이랑 박치기를 했어요〉 등을 썼습니다.

그린이 노정아 전라남도 해남에서 태어났고, 전남대학교 미술학과를 졸업했습니다. 〈김구〉, 〈김홍도〉, 〈허준〉 등에 그림을 그렸습니다.

글쓴이의 말 중에서

"아멜리아는 여성들은 감히 할 수 없다고 생각했던 비행사가 되어, 남성 비행사들도 세우지 못한 기록들을 줄줄이 세우면서 남성과 여성의 일을 구분했던 사람들의 생각을 바꾸는 데에 큰 몫을 했답니다. '평화를 얻으려면 용기가 있어야 한다.' 이 말은 아멜리아가 쓴 시의 한 구절이에요. 우리가 용기를 내어 해야 할 일은 어떤 일일까, 또 새롭게 개척할 수 있는 일은 무엇일까 생각해 보세요."

♥ 2002년 3월 처음 펴냄. 글 박정희. 그림 노정아. 펴낸곳 아이세움. 166쪽. 7,500원

무덤 속의 수호신
- 〈고구려 사람들은 왜 벽화를 그렸나요?〉를 읽고

김옥련

'중국은 요즘 우리의 역사 일부를 자기네 것'이라 우기고 있습니다. 고구려 영토 가운데 지금 중국에 속해 있는 곳에서 고구려 고분과 고분벽화가 사라지는가 하면, '동북공정'이라고 해서 대대적인 엉터리 역사를 만들어 내고 있는 것입니다.

이 책은 고구려에 관한 궁금한 33가지를 자세히 알려 주고 있습니다. 그 중에서 벽화에 대한 것을 알아 보고자 합니다. 고구려 사람들은 왜 무덤 벽에 그림을 그렸을까요? 왕이나 귀족은 무덤 안 벽을 그림으로 꾸몄습니다. 죽어서도 편안하게 지내고, 후손이 잘 되기를 기원하기 위해서라고 합니다.

고구려 고분벽화에는 '사신도'라는 그림이 나옵니다. 동서남북에 청룡, 백호, 주작, 현무를 그렸는데, 이들이 무덤을 지키는 수호신입니다. 이 수호신들은 그 당시에도 수호신이었지만, 지금도 우리의 수호신이었으면 좋겠습니다. 그래서 이 수호신들이 고구려를 지켜 고구려를 말살하려는 중국의 콧대를 납작하게 해줘야겠습니다.

또 고구려 사람들은 활을 잘 쏘았다고 합니다. 이것은 주몽 신화를 보아도 알 수 있습니다. 주몽이라는 말의 뜻이 부여 말로 '활 잘 쏘는 사람'이라고 합니다. 고구려 사람들은 사냥 대회를 자주 열었고, 활 솜씨도 겨루었는데 온달 장군도 이 대회에서 우승을 했다고 합니다. 지금도 국제대회에서 대한민국 양궁 선수들이 금메달을 많이 따는 것을 보면 우리 피 속에는 활 잘 쏘는 고구려인의 씩씩한 기상이 있는 게 틀림없습니다.

옛 고구려 땅은 지금 불행하게도 북한과 중국, 러시아에 나뉘어 속해 있습니다. 우리가 우리의 역사를 바로 알고, 고구려인들의 활 솜씨, 씩씩한 기상을 오늘에 이어받아야겠습니다. 그러면 수호신인 사신도의 도움을 받아 어지러운 역사를 굳건히 바로잡아 나갈 수 있지 않을까요?

   이제부터 여러분이 다음의 원고지 4매에 독후감을 씁니다. 무엇을 쓰든지 마음 편하게, 침착하게, 천천히 쓰기 바랍니다.

   원고지에 쓰는 요령은 이 책의 30쪽~32쪽과 40쪽~42쪽에 있으니 미리 한번 읽어 보는 것이 좋겠지요.

   글을 쓰기 전에 날짜를 원고지 위에 꼭 쓰기 바랍니다. 나중에 다시 보는 날이 반드시 있을 것입니다.

족집게 가르침 열하나

독후감은 한 가지 형식으로만 쓰나요?
- 생활문 · 동시 · 편지 · 독서록 형식이 있습니다

지금까지 보여준 형식은 일반적으로 가장 많이 쓰이고 있는 생활문(수필 또는 산문) 형식의 독후감 쓰기였습니다. 그러나 이 방법 말고도 느낌이나 감동을 여러 형식의 글로 쓸 수 있습니다.

운율을 살려서 '동시' 형식으로 쓸 수도 있고, 가까운 친구에게 책 내용을 소개하면서 자신의 감동을 전하는 '편지' 형식의 독후감도 있습니다. 그리고 '독서록' 형식은 책 이름, 지은이, 출판사, 줄거리, 느낀 점을 구분해서 쓰기 때문에 한눈에 보기가 좋습니다. 독서록은 비교적 글쓰는 부담을 덜 수 있어 학교에서 어린이들에게 책을 많이 읽히기 위한 방편으로 활용되고 있습니다.

동시와 독서록의 예를 하나씩 들어 보겠습니다.

예 1. 동시

〈화요일의 두꺼비〉를 읽고

하얀 눈 쌓이고
초롱초롱 빛나는 별빛
청소하는 동생 두꺼비 워턴
요리하는 형 두꺼비 모턴
딱정벌레 과자를 구워
툴리아 고모댁으로 갑니다.

숲속에서 나타난 올빼미
"내 생일인 화요일에
너를 잡아먹겠다."
얼마나 무서웠을까요?

무서움에 떨면서도
묵묵히 청소하고
다정한 친구처럼
차를 마시며 이야기 하는 워턴

무뚝뚝한 올빼미
적을 친구로 만드는
인정 많은 두꺼비

마음을 움직이게 하는 건
봄날처럼 따뜻한 마음씨인가요?

예 2. 독서록

〈화요일의 두꺼비〉를 읽고

1) 책이름 - 〈화요일의 두꺼비〉
2) 지은이 - 러셀 에릭슨
3) 출판사 - 사계절

4) 줄거리
　눈내리는 겨울, 두꺼비 워턴은 딱정벌레 과자를 구워 툴리아 고모댁으로 가고 있었습니다. 워턴은 도중에 고집 세고 무뚝뚝한 올빼미를 만났습니다. 워턴은 올빼미로부터 "화요일, 내 생일에 너를 잡아먹겠다."는 사형선고를 받습니다.
　두려움에 떨면서도 워턴은 자신의 일을 묵묵히 하며, 여전히 올빼미에게 다정하게 대합니다. 그리고 마침내 올빼미를 자신의 친구로 만들게 됩니다.

5) 느낀 점

자신의 목숨이 위태로운 상황에서도 차를 끓이고, 청소를 하며 다정함을 잃지 않는 두꺼비의 의연함이 대단합니다. 두려움을 이기는 방법은 자신의 맡은 일에 최선을 다하고, 자기다움을 잃지 않는 것이라고 생각합니다.

2월

생각의 달

　일 년 중에 가장 깊다는 느낌을 주는 달이 2월이 아닌가 합니다. 색으로 말하면 흰색으로도 검은 색으로도 표현할 수 없는 회색 같은 달이 2월입니다. 이럴 때는 생각을 많이 하게 됩니다. 생각이 무엇인지 별 관심이 없는 친구도 있겠지만, 항상 무엇인가를 생각하는 친구도 있을 것입니다. 아무래도 생각을 더 많이 하는 친구의 미래가 밝겠지요.

　사람은 생각하는 동물입니다. 어려서부터 제대로 생각하는 습관을 가지도록 합시다. 밥 먹을 때, 지하철 타고 어디 갈 때, 자기 전, 어느 때고 그저 생각, 생각, 생각 속에서 삽시다. 그리고 생각다운 생각은 책 읽을 때 가장 많이 하게 됩니다. 생각하면서 책을 보면 그 속에서 즐거움도 얻고, 기쁨도 얻고, 지식도 얻게 됩니다. 여러분의 장래를 확실하게 보여 주는 가장 빠르고 정확한 길은 생각과 책 속에 다 있습니다.

　이제 곧 한 학년을 마치고 새 학년이 시작됩니다. 지난 일 년 동안 여러분은 많은 책을 읽었을 줄 압니다. 아주 보람차고 큰일을 한 것입니다. 그리고 스스로에게 칭찬을 해봅시다. '나 누구누구는 이렇게 많은 책을 읽었고, 또 많은 것을 생각했다. 많이 자랐고 훌륭해졌구나.' 라고 자신의 성장을 축하해 주기 바랍니다.

　1월에 이어 2월에도 깊이 있고 긴 호흡의 책을 읽게 됩니다. 이 달에 읽을 책들은 총정리를 하는 기분으로 읽어 주기 바랍니다. 지난 겨울, 지난 한 학년을 생각하면서 말입니다. 여러분, 다음 학년으로 올라가서 새로운 책들과 함께 다시 만납시다.

2월

여울각시

글쓴이 이중현 1956년 경상북도 의성에서 태어났습니다. 안동교육대학을 졸업하고 초등학교 교사를 하며 1987년부터 작품 활동을 시작했습니다. 쓴 책으로 〈이야기꽃이 피었습니다〉, 〈아무도 꼴찌로 태어나지 않는다〉 등과 시집 〈물끄러미 바라본 세상〉, 〈아침 교실에서〉 등이 있습니다.

그린이 김용철 1960년 강원도 양구에서 태어났고, 홍익대학교 서양화과를 나왔습니다. 〈일곱 가지 물방울〉, 〈누군가 나를 지우개로 지우고 있다〉 등 어린이 책에 그림을 그렸습니다.

내용

요즘 우리 친구들은 여러 사람의 이야기를 듣기보다는 자기 세계에만 빠져 있는 것 같아 안타깝다는 지은이가, 조금이라도 관심을 가지면 만날 수 있는 친구들의 이야기를 쓴 것입니다. 모두 아홉 편의 이야기가 실려 있습니다. 사라져가는 고향과 고향 친구들, 도시와 아파트, 그리고 노동자들과 가족들의 이야기입니다. 그들과의 만남을 통해 여러분의 마음이 따뜻해지기를 바랍니다.

♥ 1997년 1월 처음 펴냄. 글 이중현. 그림 김용철. 펴낸곳 우리교육. 184쪽. 6,000원

언청이 순이

지은이 서정오 1955년 경상북도 안동에서 태어났습니다. 안동교육대학과 대구교육대학을 나왔고, 현재 초등학교 교사로 재직하고 있습니다. 지은 책으로 〈옛이야기 들려주기〉, 〈천 냥짜리 거짓말〉 등이 있습니다.

그린이 김성민 1965년 서울에서 태어났고, 중앙대학교 서양학과를 나왔습니다. 〈더러운 물 때문이야〉, 〈보리아기 그림책〉, 〈팥죽할머니와 늑대〉 등의 책에 그림을 그렸습니다.

머리말 중에서

"이 책에 실린 이야기는 제각기 다른 모습으로 씌어졌습니다. 긴 글도 있고 짧은 글도 있으며, 아주 쉽게 읽히는 글도 있고, 생각하면서 읽어야 할 글도 있습니다. 그러나 어느 것이든 '말 없이 보이지 않는 곳에서 일하는 사람들'을 사랑하고 존경하는 마음으로 썼다는 점에서는 모두 같습니다."

♥ 1995년 3월 처음 펴냄. 글 서정오. 그림 김성민. 펴낸곳 지식산업사. 256쪽. 6,000원

생명의 저울

엮은이 김경호 1963년 인천에서 태어났습니다. 고려대학교를 졸업했고, 조계종 포교원에서 편집장을 지냈습니다.

그린이 신혜원 1964년 경상북도 안동에서 태어났습니다. 이화여자대학교 서양화과를 졸업했습니다. 〈하느님의 눈물〉, 〈혼자서 크는 아이〉, 〈오줌에 잠긴 산〉 등에 그림을 그렸습니다.

내용

불교 경전에서 추린 이야기 13편이 있습니다. 불교를 믿지 않는 사람이라도 친근하게 읽을 수 있습니다. 옛날 인도 땅을 배경으로 하여 요즘 사람들이 사는 모습과는 많이 다르지만 사람과 자연이 어우러져 산다는 것은 예나 지금이나 변함이 없다는 것을 보여줍니다. 또한 생명의 소중함에 대해서 깨달음을 담고 있는 글들입니다. 세상에 존재하는 모든 생명이 소중하고 평등하다는 것이 어떤 가르침보다 중요하기 때문입니다.

♥ 1996년 9월 처음 펴냄. 김경호 엮음. 그림 신혜원. 펴낸곳 푸른나무. 200쪽. 6,000원

애, 내 옆에 앉아! 내 옆에 앉아!

시쓴이 연필시 동인 동시를 쓰는 아홉 명의 시인들이 함께 하는 모임입니다. 1992년에 처음 모여서 '어린이를 위한 동시를 더욱 열심히 쓰자.'고 뜻을 모았습니다. 이준관·하청호·노원호·박두순·손동연·권영상·이창건·정두리·신형건입니다. 함께 펴낸 시집으로 〈연필로 쓰는 시〉, 〈가끔 새가 되고 싶을 때가 있다〉가 있습니다.

그림이 권현진 동시와 함께 어우러지는 그림을 즐겨 그리는 화가입니다. 〈별을 사랑하는 아이들아〉, 〈참 좋은 동시 60〉, 〈내일도 부르는 노래〉 등의 책에 그림을 그렸습니다.

내용

'연필시' 동인들은, 아홉 명 모두의 동시가 초등학교 교과서에 실려 있을 만큼 우리나라를 대표하는 시인들입니다. 교과서에 실린 동시들을 읽고, 그 동시를 쓴 시인들의 다른 작품들도 읽어 보세요. 여러분은 자신도 모르게 시인이 되어 있을 것입니다.

♥ 2002년 4월 처음 펴냄. 시 연필시 동인. 그림 권현진. 펴낸곳 푸른책들. 152쪽. 6,500원

동화 쓰기

민수의 학교 첫 입학

신촌초등학교 3학년 3반 천승욱

나는 내일 학교에 간다. 산속 깊은 곳에 있는 맑은 초등학교에 입학한다.

우리 동네에서 제일 잘난 척하는 짜증쟁이는 동희다. 나는 동희한테 안 지려고 예쁜 가방과 멋진 공책도 샀다. 기다리고 기다리던 내일이 왔다! 당당한 발걸음으로 학교 운동장으로 들어가는 순간에 동희를 만났다. 내가 뽐내면서 앞으로 가려고 했다. 동희는 멋진 옷과 예쁜 가방까지 있었다. 동희가 지나가는 순간이었다.

"악!" 동희가 나를 밀었다.

"미안해!"

나는 너무 화가 치밀어 올라서 민희를 때렸다. 그런데 선생님이 보셔서 학교 가는 첫 날부터 벌을 서게 됐다. 너무 얄미웠다. 으!

학교가 끝나자 복수를 하고 싶어서 비가 와서 질퍽질퍽해진 땅에서 동희를 밀어 버렸다. 속이 시원했다.

"너! 새로 산 옷인데 이게 뭐야! 으앙!"

나는 빨리 뛰어서 집으로 갔다. 누나는 비가 새는 지붕을 고치고 있었다. 나는 엄마 아빠가 없다. 누나가 그러는데 엄마가 낳으시다 돌아가셔서 그 충격으로 아버지마저 돌아가셨다고 했다. 나는 갑자기 덜컥 겁이 났다. 동희의 치마를 더럽혔기 때문이다. 누나가 내 표정을 보고 말했다.

"너 또 동희와 싸웠지!"

나는 아무 말도 못했다.

다음날 아침, 나는 무거운 발걸음으로 학교로 갔다. 동희는 무서운 표정으로 날 째려보고 교실로 들어갔다. 겁이 났다. 수업종이 쳤다. 선생님께서 소리 지르셨다.

"이민수! 너 이리 나와!"

동희는 히죽히죽 웃고 있었다. 동희가 일러바친 게 분명했다. 당장 누나한테 전화할 것 같았다. 나는 또 복도에서 벌을 섰다. 6학년, 5학년 누나, 형들이 나를 보고 킬킬거렸다.

"쟤 좀 봐, 1학년인데 벌써부터 벌을 서네?"

"히히, 옛날 너랑 똑같잖아."

나는 너무 화가 났다. 민희가 너무 미웠다. 꼭 복수하고 싶었다.

집에 가보니 누나가 화가 나 있었다.

"이민수! 누나가 동희랑 싸우지 말랬지!"
"걔가 옛날에 나 엄마하구 아빠 없다구 놀렸단 말이야!"
난 누나에게 회초리로 맞았다. 동희랑 말도 하지 않기로 결심했다.
다음 날, 학교에 갔다. 선생님이 날 불쌍한 눈치로 보셨다. 누나가 엄마와 아빠가 안 계시다고 말한 것이다. 선생님은 나와 동희를 나오라고 불렀다.
"오동희, 민수 보고 고아라고 놀렸어?"
"아니에요!"
선생님께서 동희보고 말했다.
"거짓말 하지 마라! 민수 누나가 말했는데? 동희 너부터 잘못했잖아!"
나는 너무 통쾌했다. 동희에게 한 방 날린 것이다. 신났다. 나는 종이 울리고 학교가 끝나자마자 동희에게 메롱을 하고 집으로 뛰어갔다. 누나에게 제일 먼저 고맙단 말부터 하고 싶었다. 집에 도착하자 나는 싱긋 웃었다.
누나는 웃으면서 "잘 끝났니?"라고 말했다.
나는 고개를 끄덕였다.

이제부터 여러분이 다음의 원고지 4매에 독후감을 씁니다. 무엇을 쓰든지 마음 편하게, 침착하게, 천천히 쓰기 바랍니다.

원고지에 쓰는 요령은 이 책의 30쪽~32쪽과 40쪽~42쪽에 있으니 미리 한 번 읽어보는 것이 좋겠지요.

글을 쓰기 전에 날짜를 원고지 위에 꼭 쓰기 바랍니다. 나중에 다시 보는 날이 반드시 있을 것입니다.

족집게 가르침 열둘

어떤 책이 좋은 책인가요?
- 내용, 글쓴이, 출판사가 좋고 수준이 맞아야 합니다

책에 있어서 가장 중요한 것은 당연히 짜임새 있고 알찬 내용입니다. 내용이 별로 없거나 시대에 안 맞게 낡았거나 사실과 다르면 책으로서의 가치가 떨어집니다. 줄거리도 앞뒤의 전개가 맞고 흥미가 있어야 합니다. 그리고 독자에게 확실하게 무엇인가를 전해주어야 합니다.

책을 고를 때에는 책의 겉표지 뒷면에 있는 책의 주요 내용에 대한 짧은 소개나, 다른 사람의 추천말을 살펴보아야 합니다. 그리고 머리말과 목차도 자세히 보는 것이 좋습니다. 물론 본문 중간중간 몇 군데를 읽어 보아야겠지요. 독서 관련 단체의 추천도서나 주변 사람들이 좋은 책이라고 권하면 그 점도 충분히 고려해 볼 일입니다. 그러나 좋은 책을 고르는 데에 있어서는 무엇보다 자신의 독서 경험이 중요합니다.

글쓴이가 정성을 다해, 솔직하고, 자신감을 가지고 쓴 책이 유익하고 좋은 내용을 갖춘 책입니다. 대개 책의 앞뒤에는 글쓴이에 대한 소개가 있습니다. 이것을 보면 글쓴이의 출신이나 성향과 주요 작품을 알 수 있습니다. 독자들은 글쓴이를 믿고 그의 책을 읽어야 합니다.

출판사는 책을 기획하는 것부터 서점에 공급하는 것까지 책에 관한 모든 과정을 진행하는 곳입니다. 그래서 좋은 출판사에서 만드는 책은 대개 내용이나 겉모습이 모두 좋습니다. 편집이 아름답고, 내용을 보완하거나 설명하는 사진이나 삽화가 적당히 들어가고, 인쇄 색깔이 선명하고, 제책 형태가 탄탄하면 좋은 책으로 보아도 괜찮습니다. 좋은 출판사는 이러한 것들을 책임 있게 다루고 있습니다.

다음으로 중요한 것은 아무리 좋은 책으로 인정받고 있다 해도 자신의 수준에 맞아야 한다는 것입니다. 책의 수준은 대개 학년으로 구분되고 있지만, 개인차가 있기 때문에 책의 선택이 달라질 수 있습니다. 특히, 아직 책에 재미를 못 붙인 친구들은 자신의 관심과 흥미에 맞는 책 중에서 수준을 맞추어야 합니다.

책을 폭넓고, 깊이 있게 읽기 위해서는 학교, 교과서와 연관성을 가져야 합니다. 예를 들어 〈시튼 동물기〉의 일부가 읽기 교과서에 나왔다면, 그 책 전부를 읽는다거나, 시튼의 또 다른 글들을 읽는 것입니다. 또 자연(과학) 교과와 연관시켜 동물의 생태계 책을 읽으면 전 교과서의 통합·심화 과정을 거치는 것이 됩니다. 이런 습관이 길러지면 독서를 통해 저절로 '통합적 자기 주도 학습'이 이루어지게 됩니다.

　독서의 최종 목표는 좋은 책을 많이 읽고, 그것을 자기 것으로 소화한 후, 그 내용과 느낌을 어떠한 형태로든 표현하고 활용할 수 있어야 한다는 것입니다. 여러분의 노력을 기대해 봅니다. 그리고 그 노력의 결과는 여러분이 상상할 수 없을 정도의 엄청난 성과로 여러분에게 돌아올 것입니다.

족집게 가르침 복습

1. **독후감은 왜 써야 하나요? …16**
   - 책을 마음에 강력 접착제로 붙이는 일

2. **원고지에는 어떻게 써야 하나요? …26**
   - 모양 좋은 음식이 맛있듯, 모양 좋은 글이 읽기 좋습니다

3. **맞춤법, 띄어쓰기, 문장부호 …36**
   - 쉬워 보이지만 어렵고 복잡한 우리말 법칙

4. **제목은 그 사람의 얼굴 …46**
   - 사람을 볼 때는 얼굴부터 봅니다

5. **글의 처음을 시작하는 다섯 가지 방법 중 1, 2, 3 …56**

6. **글의 처음을 시작하는 다섯 가지 방법 중 4, 5 …66**

7. 줄거리와 느낌은 어떻게 쓰나요? ···76
- 거듭 읽고, 거듭 생각하고, 거듭 쓰는 훈련

8. 글의 끝맺음은 어떻게 하나요? ···86
- 산뜻하게, 자연스럽게, 인상적으로

9. 글은 무엇으로 완성되나요? ···96
- 글은 글다듬기(퇴고)로 완성됩니다

10. 글을 다듬을 때 지우고 다시 써야 하나요? ···106
- 고쳐 쓰기 기호를 쓰면 노력을 덜 수 있습니다

11. 독후감은 한 가지 형식으로만 쓰나요? ···116
- 생활문·동시·편지·독서록 형식이 있습니다

12. 어떤 책이 좋은 책인가요? ···126
- 내용, 글쓴이, 출판사가 좋고 수준이 맞아야 합니다

찾아보기

§ㄱ§
강물아 강물아 이야기를 내놓아라 | 54
개구쟁이 산복이 | 55
고구려 사람들은 왜 벽화를 그렸나요? | 114
고래 벽화 | 64
광개토태왕 | 94
그런데요, 생태계가 뭐예요? | 24
꼬마 정원 | 105

§ㄴ§
나쁜 어린이표 | 44
내 친구 윈딕시 | 74
내가 살던 고향은 | 84
넌 나의 소중한 친구야 | 65
네 손가락의 피아니스트 | 85

§ㄷ§
단군신화 | 15
달님에게 코트를 | 14
도도새는 왜 사라졌을까요? | 25
돌아온 진돗개 백구 | 74
돌이 어쩌구 개구리 저쩌구 | 104
똥보면 어때, 난 나야 | 44

§ㄹ§
라 퐁텐 우화집 | 15

§ㅁ§
마더 테레사 | 95
모네의 정원에서 | 85
물푸레 물푸레 물푸레 | 14

§ㅅ§
사과나무 위의 할머니 | 35
삽살개 이야기 | 75
생명의 저울 | 125
세계가 놀란 발명 이야기 | 114
소금아 고마워 | 24
슈바이처 | 95
신나는 텐트치기 | 64

신토불이 우리 음식 | 105

§ ㅊ §

최은희 | 115

§ ㅇ §

아멜리아 에어하트 | 115
아빠 보내기 | 35
아이쿠나 호랑이 | 104
안중근 | 94
얘, 내 옆에 앉아! 내 옆에 앉아! | 125
언청이 순이 | 124
여울각시 | 124
우리 동네에는 아파트가 없다 | 34
우리 몸 탐험 | 25
울지마, 울산바위야 | 54
유니콘과 신비한 동물들 | 65

§ ㅋ §

큰 소리꾼 박동진 이야기 | 84

§ ㅍ §

파스칼의 실수 | 45
플랜더스의 개 | 75

§ ㅎ §

할아버지 요강 | 34

§ ㅈ §

자연 보호 운동의 선구자 존 뮤어 | 55
조커 | 45

행복한 논술
초등학교 3학년

2006년 12월 15일 초판 1쇄 인쇄
2006년 12월 20일 초판 1쇄 발행

글쓴이 김옥련 · 최종수
펴낸곳 도서출판 역민사
편 집 강면실
디자인 조승현
마케팅 김인호

등 록 1979. 2. 23. 서울 제 10-82
주 소 100-013 서울 중구 충무로 3가 59-23
전 화 2274-9411
팩 스 2268-3619
e-mail ymsbp@yahoo.co.kr
copyright ⓒ 김옥련 · 최종수

ISBN 89-85154-32-X 63710
값 8,000원